全国
水害地名をゆく

谷川彰英
Tanikawa Akihide

インターナショナル新書 128

まえがき

水害予測の重要な手掛かりが「地名」にある——そのメッセージを伝えたくてこの本を書いた。河川の氾濫による浸水、土石流、津波などの自然災害は完全に防ぐことはできないが、予知することはできる。予知することによって被害を最小限度に抑え、人命を救うことはできる。

私たちは普段、地名の意味など考えることもないが、ふと立ち止まって地名の由来に思いを馳《は》せてみると、その奥には地域の歴史と古人の熱いメッセージが込められていることに気づく。その意味で地名は「暗号」である。

本書では水害にちなむ地名を取り上げ、それにまつわるエピソードを交えながらそれぞれの地域で水と闘いながらも、水と共生してきた人々の姿を追う。紙幅の都合で入れられなかった県もあるが、今や北は北海道から南は沖縄まで全国で水害が頻発している。山の標高が低く、琉球石灰岩の地層で水はけが良いことから氾濫が少ないとされてきた沖縄でも、近年雨量が増え浸水被害が報告されている。

水害に遭わないためには、要するに水が集まる低地や水が溢《あふ》れる場所を避ければいいことになるが、これはすべて「地形」に関連している。その地形に命名されたのが「地名」なのだから、当然のことながら水害と地名は深い関係にあることになる。

地名はもともと土地を識別するために命名されたものである。その大半はいつ誰がつけたかもわからず、いわば自然発生的に成立したものである。識別とは「見分ける」ことなので、できた当座はその土地の特徴をよく表していたはずである。しかも命名に当たってはそこに住む人々の「合意」を得る必要があったために、皆にわかりやすいように簡潔明瞭につけられていた。長い沼があった所には「長沼」、川のほとりには「川辺」というように大半は地形から命名された。このように地名にはもともと明確な「意味」があったのである。

ところが時を経、時代を経るごとに地名が持っていた意味は忘れられ、わからなくなっていった。要因はいくつか考えられるが、最大の要因は環境の変化である。東京の「溜《ため》池《いけ》」は江戸時代飲料用として造られた溜池があったことに由来する地名だが、明治になって水が抜かれ都市開発されて今日に至っている。つまり溜池として地名が「指示」していた対象物がなくなっても地名は独り歩きしていく。地名の由来を探る最大の意義はここにある。

二つ目の要因は言語も変わっていくということである。本書でも取り上げた「阿久津《あくつ》」は名字としても知られているが、もとは「圷《あくつ》」で典型的な低地地名である。「アクツ」に対する台地を示す「ハナワ」は「塙」と書く。「圷」や「塙」という言葉は現代ではほとんど死語のようになっているが、このように古い言葉が地名として残っている例はたくさんある。

地名の意味をわからなくしている三つ目の要因は漢字の表記に惑わされてしまうことである。我が国に漢字がもたらされたのは四世紀後半だとされるが、もちろんそれ以前から地名は存在していた。ただ文字で表記できなかったために伝達はもっぱら音《おん》に頼っていた。本書で取り上げた「浮気《ふけ》」は湿地帯を意味する「フケ」に漢字をあてがっただけで、浮気《うわき》とは無関係だ。妙な漢字の地名を見つけたら漢字にこだわらず音読みしてみるのがお勧めである。

最後に本書をつらぬく五点のコンセプトを以下に記す。

一　**地名は水害へのアラームを発している。**

ある種の地名は水害を予見させるアラームを発している。その警告に耳を傾ける必要がある。

二　**一方的に決めつけることはできない。**

しかし「〇〇（地名）＝危険」と一方的に決めつけることはできない。個別ケースに即して解明する必要がある。

三　**歴史的な現実から目をそらさない。**

起こってしまった災害の事実から目をそらさず、原因を探る必要がある。

四　**風化を防ぐ。**

災害に風化は避けられないが、風化を最小限に抑えて子々孫々に伝えていく必要がある。

五　**そこに人が住むにはそれなりの理由がある。**

水害のリスクを感じたとしてもそこに住んだ方がいい、住まざるを得ないという社会的条件も考慮に入れなければいけない。

二〇二三年七月一日

谷川彰英

目次

第二章　名古屋・中部地方を襲った水害と地名

第六章　中国・四国地方を襲った水害と地名

第一章　東京・関東地方を襲った水害と地名

一　「池袋」の「袋」に要注意!?

「袋」に由来する

池袋《いけぶくろ》は今や東京でも指折りの大繁華街に発展しているが、それは水害地名の「池袋」に関連しているのか、その謎を解明する。

「袋」地名は全国に分布するが、その大半は土地の形状、つまり「地形」に由来する。全国の多くの都市にある「袋町」という町名は町筋が袋小路風になっていることにちなむが、「袋田《ふくろだ》」（福島県須賀川《すかがわ》市・茨城県久慈《くじ》郡大子町《だいごまち》）、「袋原《ふくろばら》」（宮城県仙台市太白《たいはく》区）などのように、多くは地形が袋状になっていることによるものが圧倒的に多い。

中でもその「袋」に「池」や「沼」がつく所は低湿地帯で、水害時には水がたまる危険地帯である。「沼袋《ぬまぶくろ》」は東京都中野《なかの》区の「沼袋」以外にも岩手県下閉伊《しもへい》郡田野畑《たのはた》村に「沼袋」、岩手県滝沢《たきざわ》市に「大釜沼袋《おおがまぬまぶくろ》」がある。

「川」にちなんだ地名としては、宮城県大崎《おおさき》市に「鳴子《なるこ》温泉川袋《かわぶくろ》」、鳥取県鳥取市に「袋《ふくろ》河原《がわら》」などがある。

いけふくろう？

さて、肝心の「池袋」である。現在の池袋駅とその周辺の繁華街には「袋状の池」などどこにも見当たらない。しかし、確かに「池袋」は存在したのである。そのミステリーを探ってみよう。

池袋駅の東口（実は北口といった方が近い）に「いけふくろう」なる石像が設置されたのは一九八七（昭和六二）年のことである。それまで「国鉄」と呼ばれていたのを「ＪＲ」と改称したのを記念して建てられたものである。「梟《ふくろう》」の形をしているが、それはただの語呂合わせに過ぎない。その像の後ろに次のようにある。

「池袋」という地名の由来は袋のような盆地の窪地《くぼち》に多くの沼地があった。このような地形の印象から「池袋」というようになったのではないだろうかと言われている。

この表現そのものは間違っているとは言えない。問題はその「沼地」がどこにあったかである。

元池袋のモニュメント

池袋駅近くにはもう一つ「池袋」地名に関するモニュメントがある。西口を出て左手にあるホテルメトロポリタンの前に「元池袋史跡公園」という小さな広場がある。そこに「池袋地名のゆかりの池」という碑が立っている。その脇に「東京都豊島区教育委員会」の名でこう説明されている。

むかしこのあたりに多くの池があり、池袋の地名は、その池からおこったとも伝えられている。池には清らかな水が湧き、あふれて川となった。この流れはいつのころから弦巻川《つるまきがわ》とよばれ、雑司《ぞうし》が谷村《やむら》の用水として利用された。池はしだいに埋まり、水も涸《か》れて今はその形をとどめていない。これは、むかしをしのぶよすがとして池を復元したものである。

この説明によれば、この一帯に多くの池があり、それが由来となって「池袋」という地名ができたことになる。しかし、これは到底受け入れがたい説である。なぜなら、現在の池袋駅周辺は東京二三区の中でも最も高い地点にあり、標高三三メートルの高台であり、

池袋駅西口にある元池袋史跡公園　©中根正義

そこに多くの池があったとは到底考えられないからである。

昔の「池袋村」はここではなかった！

高台であるにもかかわらず「池袋」という地名がついた謎を解く鍵は、昔の「池袋村」は現在の池袋駅周辺ではなく、ずっと北に行った地点にあったことにある。幕末に書かれた『新編武蔵《むさし》風土記稿』には「池袋村　池袋村は地高して東北の方のみ水田あり、其辺地窪にして地形袋の如くなれば村名起りしならん」とあり、さらに次のようにある。

戸数は百二十九、東は新田「堀之内《ほりのうち》

村」、西は「中丸《なかまる》村」、南は「雑司ヶ谷《ぞうしがや》村」。南東は「巣鴨《すがも》村」と少し接し、北は「金《かな》井久保《いくぼ》村」に接している。東西は五町（約五五〇メートル）、南北十三町（約一四〇〇メートル余り）。

つまり、「池袋村」は南北に長い村で、その位置は現在の池袋駅界隈《かいわい》ではなく、北に二、三キロほど行った所にあった。もうちょっと行けば中山道《なかせんどう》につながる位置だった。現在の町名で言えば「池袋本町三丁目」に「池袋氷川《ひかわ》神社」がある。その神社一帯は地形が窪地になっており、かつては「袋状の池」であったことを推測させる。

現在の池袋駅周辺は「袋状の池」には無縁で、従って水害を被るエリアではなかった。水害を被る可能性を持っていたのは旧池袋村周辺であった。現在の池袋駅周辺が「池袋」と名付けられるきっかけになったのは、一九〇二（明治三五）年、この地に鉄道の信号所が開設されることになり、その名を近隣の有力な「池袋村」からとって「池袋信号所」と名付けたことによる。そして翌一九〇三（明治三六）年、信号所が駅に昇格して「池袋駅」となり、今日の繁栄へとつながっていく。

水害地名の「池袋」という地名を負った背景にはこんな歴史が隠されていた。

二　洪水常襲地帯だった「落合」

川と川が落ち合う地点

　もし地名に文法みたいなものがあるとすれば、この「落合《おちあい》」ほどその地名の文法にかなったものはない。「落合」という地名はまず間違いなく、川と川が合流する地点を指している。つまり川と川が「落ち合う」地点を意味している。現在川が存在していなくても、地形を見ればそのような形になっていることが多い。それほどに、「落合」という地名は文法に忠実だと言える。

「落合」という地名は東日本に多いが、北は北海道から南は九州まで至る所に分布する。日本列島の特色として、いかに川と川が合流して海に向かって流れているかがわかるというもの。関東に限定しても、茨城県筑西《ちくせい》市、栃木県那須烏山《なすからすやま》市、同下都賀《しもつが》郡《ぐん》壬生《みぶ》町《まち》、埼玉県飯能《はんのう》市、東京都多摩《たま》市、神奈川県秦野《はだの》市に「落合」という地名が存在する。

　この「落合」という地名がつけられた場所は当然のことながら、水害に見舞われる可能性が極めて高い。二つの河川の水が落ち合うわけだから、水量は倍になって溢《あふ》れることになる。大きな河川に小規模の支流が流れ込んで水が溢れた例も多い。二〇一九（令和元）年一〇月の台風一九号で大きな被害を出した宮城県丸森町《まるもりまち》などはその典型である。

学生街・高田馬場の先に

実は東京のど真ん中にも「落合」がある。西武新宿線で高田馬場《たかだのばば》駅を出ると次は下落合《しもおちあい》駅である。山手線でいうと高田馬場駅と目白駅を結ぶ線から西一帯が「落合」というエリアである。町名でいうと新宿区「上落合」「中落合」「下落合」「西落合」ということになる。

ここの「落合」は江戸時代から存在していた地名で、神田川と妙正寺《みょうしょうじ》川が合流した地点につけられた地名である。神田川は徳川家康が江戸に入府《にゅうぶ》した際、水不足に悩む江戸のために井之頭《いのかしら》池から水を引いたものだが、この地点で妙正寺川と合流して神田方面へ流れていったのである。

高田馬場駅から神田川方面に向かう小路は「さかえ通り」と呼ばれる飲み屋街だ。この小路は昔からほとんど変わっていない。

その飲み屋街を通り抜けると、道は神田川を越えることになる。その橋を「田島橋《たじま》」と

神田川に架かる落合橋　©中根正義

呼んでいる。現在はコンクリートの橋だが、この橋はすでに江戸時代に架けられていたことが確認されている。現在その橋のたもとは東京富士大学という私立大学のキャンパスになっている。

そこから上流に向かって行くと一つ目の橋が「宮田橋《みやた》」で、その次が「落合橋」である。この落合橋のやや上流あたりが、神田川と妙正寺川が合流していた地点である。現在は流路変更により妙正寺川は暗渠《あんきょ》（高田馬場分水路）に入り、新目白通りの地下を流れて神田川に合流しているが、両河川が落ち合っていたのは、間違いなくこの落合橋の付近であった。

この神田川の流域の「市街化率」（宅地

に占める建物敷地の割合）は九七パーセント（二〇〇九年度）で、全国トップと言われる。簡単に言えば、流域のほとんどが建物で覆われ、降った雨の大部分が神田川に流れ込むということになる。神田川に代表される都市河川はコンクリートで固められているため、逃げ場のない水は容易に護岸を越えて浸水の被害を引き起こす。

暴れ川の妙正寺川

とりわけ妙正寺川は昔からしばしば水害を起こしてきたことで有名だ。近年では二〇〇五（平成一七）年九月、台風一四号によって時間雨量一〇〇ミリを超える降雨によって浸水の被害を引き起こしている。そのような事情を鑑みて、東京都では早くから妙正寺川に「調節池」の建設を進めてきた。

仏教哲学者井上円了《いのうええんりょう》によって精神修養の場として造られた哲学堂公園に沿って「妙正寺川第一調節池」「第二調節池」があり、少し下って「上高田《かみたかだ》調節池」、そして「落合公園」の下には「落合調節池」が整備されている。これらをまとめて「妙正寺川調節池群」と呼んでいる。

調節池は溢れた川の水を一時的に貯留して水害を防ぐものだが、第二調節池は深さ二三メートル、最大で一〇万立方メートルの水を貯《た》めることができるという。これは小中学校の二五メートルプール二七〇個分に相当すると言われている。

落合公園の地下には上部下部の二段構造の調節池が造られており、上部だけで五〇〇〇立方メートルの水を貯めることができるという。

この調節池のお陰で、二〇一九（令和元）年一〇月の台風一九号の豪雨にもかかわらず、神田川水系は水害をまぬかれた。神田川・妙正寺川の流域は新宿区のハザードマップでも危険地帯になってはいるが、昔から情緒溢れる地域でもあった。

蛍の名所でもあった！

今の落合橋があるあたりに江戸時代には「落合土橋《どばし》」があった。ここで神田川と妙正寺川が落ち合っていたのだが、この一帯は蛍の名所でもあった。形も大きく光り方も他と比べて優れており、「玉のようにまた星のように乱れ飛んで、その光景は最も珍しい」と、幕末に出された『江戸名所図会《えどめいしょずえ》』には記されている。

川はこんな恩恵も与えてくれている……。どのように共存できるかである。

『江戸名所図会』(斎藤幸雄・幸孝・幸成(月岑)著、長谷川雪旦・挿画)より、
落合の蛍。国立国会図書館蔵

三　一本のポールの水害アラート――東京海抜ゼロメートル地帯

海抜ゼロメートル地帯

東京の下町・江東《こうとう》区の一角に忘れられた一本のポールがある。このポールの存在は私が二〇一二（平成二四）年一月に出した『地名に隠された「東京津波」』（講談社＋α新書）を執筆中に発見したもので、同書で紹介するまでは一部の関係者を除けば誰も知らない隠れた存在だった。

この本は、その前年の東日本大震災の被害を目の当たりにして「東京は大丈夫か!?」という問題意識で書いたものだが、その過程でこのポールの存在を知った。結論的に言えば東京は水害や津波に極めて弱いということになるのだが、その危険性に警鐘を発してきたのがこのポールだった。

東京が危険だという最大の理由は、人口が密集した広大な海抜ゼロメートル地帯を抱えていることである。全国の主な海抜ゼロメートル地帯には次のようなものがある。

①愛知県…三七〇平方キロメートル
②佐賀県…二〇七平方キロメートル
③新潟県…一八三平方キロメートル
④東京都…一二四平方キロメートル

東京都は面積では四位だが、海抜ゼロメートル地帯の居住人口は一五〇万で他を圧倒している。東京都のゼロメートル地帯は江東区・墨田《すみだ》区・江戸川《えどがわ》区・葛飾《かつしか》区・足立《あだち》区の広範囲にわたっている。最も低い地点は江東区の大島六丁目で三・九メートルの地点である。このゼロメートルは荒川沿いに広がっており、五つの区域のほぼ半分を占めている。

これをわかりやすく言うと、このゼロメートル地帯は水深〇〜四メートルの巨大な湖であり、周りは川や海で取り囲まれ、その堤防が水の流入を防いでいるお陰で通常の生活が営まれているということである。逆に言うと、その堤防が決壊すると、この地帯は何メートルもの水に浸《つ》かってしまうことを意味している。

もともと、この地帯は明治の頃までは水田が広がっていた所で、東京が発展・拡大する中で、総武《そうぶ》線、常磐《じょうばん》線が敷かれ、水田が宅地化されて商業地域・工業地域も広がってきた地域である。

地盤沈下標識

ポールがあるのは江東区南砂《みなみすな》三丁目。「砂町地区」は江戸時代に開発された「砂村新田」に由来するとされている。一六五九（万治二）年に相模国《さがみのくに》の砂村新四郎によって開発されたとされてきたが、その後異説が出され、当地が海浜の砂地だったことによるなど定説はない。だが、この地が「砂地」であったことは事実でそこから「砂村」という地名が生まれたことは間違いない。

東京メトロ東西線の「南砂町《まち》駅」で降りると、駅前の道路は緩やかな坂道になっている。駅の標高はわずか一メートル。坂道を数分も下っていくと公園の脇に写真にあるような不可思議なポールが立っている。

このポールには七個のリングが取り付けられているが、それぞれに意味がある。地上一メートルの位置にあるのが「干潮時海面」の高さ（深さ）を指している（リング①）。つまり、この地は干潮時の海面より一メートルも低いということになる。

リング②は「平均海面」の水位を、さらにその上のリング③は「満潮時海面」の水位を

南砂三丁目公園グラウンドの横に立つ地盤沈下標識　©斉藤泰生

指している。つまり、この地は満潮時にはマイナス三メートルの低地と化すことになる。

そのすぐ上のリング④は、一九一八（大正七）年の地盤表記で、言い換えればこの地は一〇〇年で三メートル以上の地盤沈下を引き起こしたことになる。そのさらに一メートルほど高いリング⑤は、一九四九（昭和二四）年の台風による高潮の高さ、それからさらに一メートルほど高いリング⑥は、一九一七（大正六）年の台風による高潮の高さを示している。

そして、最も高い地点、およそ七メートルの所に位置するリング⑦は現在の堤防の高さを示している。言い換えれば、荒川の堤防が決壊すれば、この地点まで水に浸かる可能性があるということである。

東京沈没の最悪のシナリオ

災害に備えるためには一〇〇年に一度起きるか起きないかの最悪の事態を想定しておく必要がある。仮に関東地方に台風による大雨が降ったとしよう。荒川、江戸川などの河川が危険水域に達したとする。時は満潮時。台風による高潮も発生している——。

その時、首都圏を地震が襲ったとする。高潮に加えて津波が発生する。現在の臨海部の防潮堤の高さは四・六〜八メートルなので、海水は軽々と乗り越えてゼロメートル地帯になだれ込む。さらに怖いのは高潮・津波による河川の遡上である。これによって荒川の堤防を容易に水は越えていく。

そして最悪のシナリオは、地震で河川の堤防が切れるという想定である。堤防が一カ所でも切れればゼロメートル地帯は一瞬にして巨大な湖と化すことになる。

私の想定した最悪の事態とは以上のようなものだが、忘れてならないのはこういう事態を招く確率は「ゼロではない」ということである。

四　海抜ゼロメートル地帯に人はなぜ住むようになったか

水に関する二つの原理

台風が日本列島に接近する時期になると連日のように、「暴風、川の増水、低い土地の浸水にご注意ください」とテレビのニュースで警告を発している。暴風を別にすれば「川の増水」と「低い土地の浸水」が人々の安全を脅かす元凶であることは言うまでもない。ただ、この現象は水に関する極めて単純な二つの原理によって引き起こされていることに注意する必要がある。その二つの原理とは次のようなものである。

①水は高きから低きに流れる。
②水は許容量を超えると溢《あふ》れる。

人をバカにするなとお叱りを受けそうだが、水害は間違いなくこの二つの原理によって引き起こされている。例外はない。①から言えるのは、「低い土地の浸水」であり、②から言えるのは「河川の氾濫」（外水氾濫）・「内水氾濫《ないすいはんらん》」であり「土砂崩れ」「鉄砲水《てっぽうみず》」である。

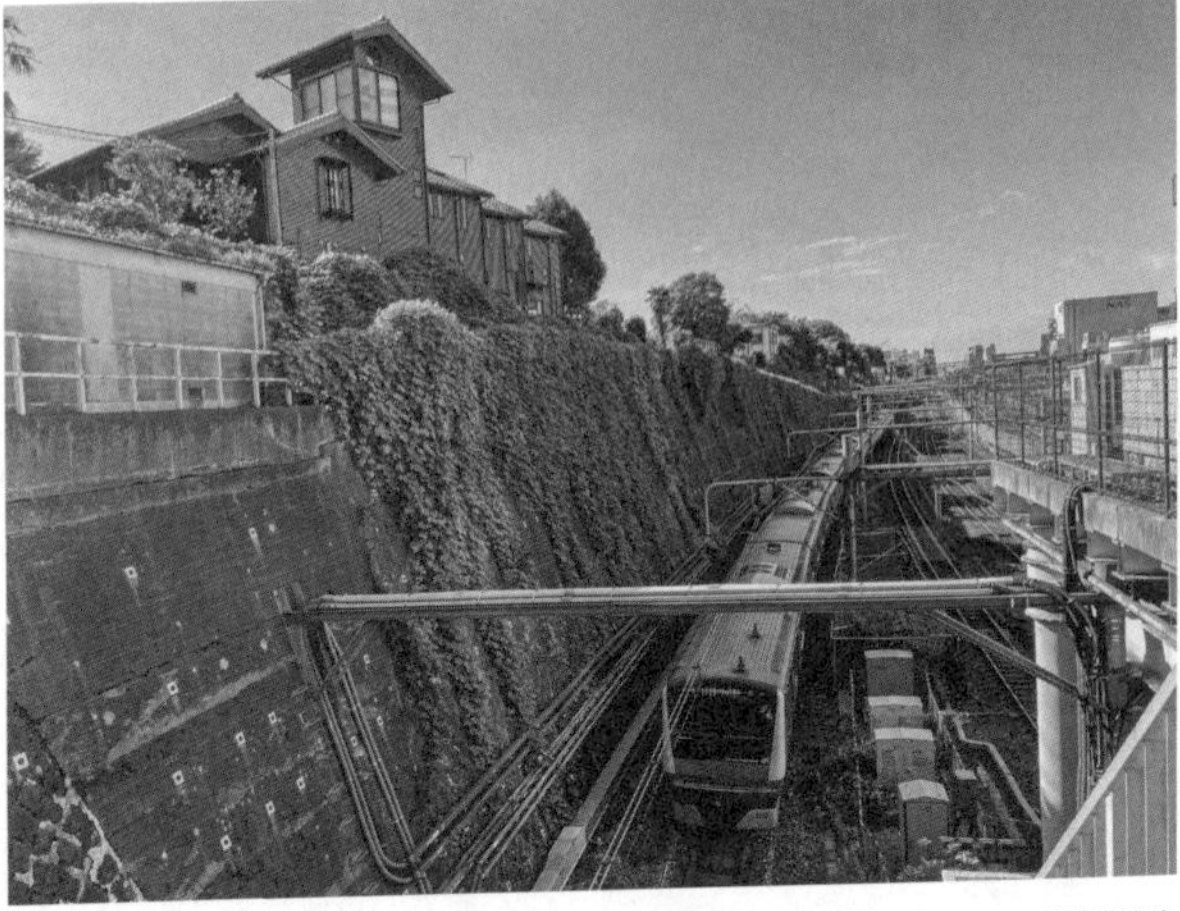

日暮里駅北改札口から見た武蔵野台地の東縁（写真左）　©斉藤泰生

そういう見地に立つと、東京の海抜ゼロメートル地帯など人が住んではいけない最も危険なエリアだということになる。だがそんなに単純に割り切れないのが世の中である。

「山の手」と「下町」

東京の町は「山の手」と「下町」とから成っており、両者を無数の「坂」が結んでいる。「山の手」と「下町」の境を象徴するのはJR京浜東北線である。北は王子《おうじ》駅あたりから南は上野《うえの》駅あたりに至るまで電車は西側につながる台地の崖に沿って走る。

この西側に連なる台地が武蔵野《むさしの》台地の東縁に当たる。日暮里《にっぽり》駅の北改札口で降りて北側を見ると左側に二〇～三〇メートルの崖が続いている。これが武蔵野台地の東縁である。この一帯の台地は江戸時代から「日暮《ひぐ》らしの里」と呼ばれ、江戸の名所の一つだった。

駅から台地を北に一〇分ほど歩を進めると諏方《すわ》神社がある。その境内から東を眺めると今はビルが林立して先は見えないが、江戸時代には一面の水田の向こうに千葉県の国府台《こうのだい》が遠望され、その先には筑波山《つくばさん》を望むことができた。

この光景から東京の水害を予知することができる。

東京湾の成り立ち

海抜ゼロメートル地帯を含むこの広大なエリアは、西に武蔵野台地、東に下総《しもうさ》台地、北の大宮《おおみや》台地に囲まれた三角状の低地である。ここに旧利根《とね》川、旧渡良瀬《わたらせ》川（現江戸川）、荒川などの河川が流れ込むので、水害による被害は予想を超えたものであった。

武蔵野台地も下総台地も大宮台地も「洪積《こうせき》台地」で約二～一万年前までに形成された土地で地盤は固く、さらに高台になっているために水害の心配はない。一方、河川の周辺の低地は「沖積《ちゅうせき》平野」と呼ばれるもので、それ以降に形成されたものである。河川が運ぶ土砂の堆積によって成っているために地盤は弱く、常に水害の可能性にさらされている。

二万年前の氷河期には、大陸に氷河が発達したために海面は現在より一三〇メートルも低く、海岸線は今の神奈川県横須賀市浦賀《よこすかうらが》あたりだったと推定されている。その頃は、東京湾は存在していなかった。ところが氷河期が終わると、地球温暖化によって海面は次第に上昇し、縄文後期（数千年前〜）に入ると海面はぐんぐん上がり、現在の海面より標高差にして数メートルから一〇メートルも高かった。これが「縄文海進《じょうもんかいしん》」という現象だが、その結果、東京の下町は現在の日比谷や銀座を含めて完全に海面下に沈むことになった。東京都だけでなく、東京湾沿岸の低地は海面下に没していた。北はさいたま市の浦和あたりまで海で、「浦和」という海にちなんだ地名が残っているのはそのためとも言われている。

海抜ゼロメートル地帯は江戸ではなかった

そもそもこの海抜ゼロメートル地帯は江戸の町とは無縁な存在であった。一六五七（明暦三）年、江戸は史上初ともいうべき大火に見舞われた。いわゆる「明暦の大火」だが、この大火によって江戸城は炎上。およそ一〇万人が犠牲になった。一〇万人規模の災害は一九二三（大正一二）年九月の関東大震災と一九四五（昭和二〇）年三月の東京大空襲のそれに匹敵するものだが、当時の江戸の人口が三〇万に満たなかったことを考えると、明暦の大火はまさに未曽有の災害であった。

これだけの被害をもたらした最大の原因は、隅田川に橋が架けられていなかったことにある。逃げ惑う人々は隅田川を渡り切れず、折り重なるようにして命を落としたという。もともと、幕府は江戸を守る軍事的目的で、江戸周辺の河川に架橋することを許さなかったのだが、これだけの被害に直面して隅田川に架橋することにした。

両国橋が架橋されたのは一六五九（万治二）年とも一六六一（寛文元）年とも言われるが、直接的なきっかけは明暦の大火であった。その名前を「両国橋」と名付けたが、その「両国」とは「武蔵国《むさしのくに》」と「下総国《しもうさのくに》」を指していた。ということは、両国橋は文字通り武蔵国と下総国をつなぐ架け橋であったということである。

両国の境になったのは隅田川で、要するに隅田川の西は武蔵国、東が下総国だったということである。近年の研究で境界は現在の隅田川ではなく、墨田区の本所《ほんじょ》、江東区の深川《ふかがわ》などは武蔵国に属していたという指摘がなされているが、隅田川水系が両国の境界であったことは疑いのないことである。

江戸の台所を支えた

現在の江東区《こうとう》・墨田区《すみだ》・江戸川区《えどがわ》・葛飾区《かつしか》・足立区《あだち》に広がるエリアが武蔵国に編入されたのは寛永年間（一六二四〜四四）と言われているが、あえて編入したのはこのエリアが幕府にとって重要であったからである。現在の交通感覚では理解しにくいことだが、当時の物資の輸送はもっぱら舟運《しゅううん》に頼っていたことを知ればその理由は理解されよう。

日本橋周辺には魚河岸《うおがし》を始め、青物河岸、米河岸、材木河岸、塩河岸などが集中し、いわば江戸経済の大車輪の役割を果たしていた。北前船で運ばれる米は銚子《ちょうし》で高瀬舟に積み替えられて利根川を遡上して関宿《せきやど》で渡良瀬川（現江戸川）を下って江戸湾に出て日本橋に運ばれた。また関東地方で唯一塩を生産した行徳塩田《ぎょうとくえんでん》（千葉県市川市）から日本橋まで一直線に運河（小名木川《おなぎ》）を開削して塩を運ぶなど、江戸の台所を支えてきた。

江戸の町は武家地と寺社地と町人地に分けて整備されたが、江戸経済の中心であった日本橋周辺を支えたのはこのエリアであった。このエリアは江戸前期に新田開発されて米の産地であったと同時に、点在する農村では野菜も豊富に栽培されていた。小松川（江戸川区）流域で生産された「小松菜」は今もその名を伝えている。

明治時代に入ってこのエリアはさらに躍動する。一八七一（明治四）年の廃藩置県によって東京府に編入され、東京の東部地区として開発が進められることになる。一八九六（明治二九）年の日本鉄道（現JR常磐線）に続いて一九〇四（明治三七）年に両国橋駅（現JR両国駅）を起点とする総武鉄道（現JR総武線）が開通したことによって沿線の宅地化が進み、さらに各種の工場が進出。それに伴って商業地域も広がって今日に至っている。

海抜ゼロメートル地帯は、地質学的な背景をたどれば水害の危険性の最も高い地域だが、他方で社会経済の観点から見ると、それなりの合理性があったと言ってよい。

それは期せずして今日の新型コロナウイルスを巡る状況と極めて似ている。コロナ感染のリスクを抑えるには全面的に外出を禁止すればいいだろうが、それでは社会経済活動は回らない。それと同じ論理で、水害のリスクを抱えながらも「そこ」に住む、住まざるを得ない事情を理解すべきである。行政の役割は人々の生命と安全を守るための条件整備を行うことである。

五　東京ディズニーランドに探る津波・高潮の謎

「浦安」の成立

「東京ディズニーランド」が千葉県浦安《うらやす》市にオープンしたのは、一九八三（昭和五八）年のことである。建設地には「舞浜《まいはま》」という美しい地名がつけられた。アメリカ・フロリダのウォルト・ディズニー・ワールドのある「マイアミビーチ」からとったものであると長らく信じられていたが、実は伝統的な神楽、浦安の舞からつけられたことが当時の町長の発言から明らかになっている。

この浦安市は我が国で、戦後最も発展した町と言っていいだろう。現在の市域は一七・三平方キロメートルだが、その四分の三は埋め立て地である。その埋め立て地に高級住宅地を次々に建設し、多くの住民を集めてきた。

この浦安市に「猫実《ねこざね》」という一風変わった町名がある。猫実一丁目から五丁目まである。この「猫実」が、この地を古来襲ってきた津波・高潮と深く関わっているという。

明治期の地図を見ると、「猫実村」「堀江村」「当代島《とうだいじま》村」という地名が確認できる。一八八九（明治二二）年の市制・町村制施行により、この三村に「欠真間《かけまま》村」の飛び地が合併されて「浦安村」が成立した。これが「浦安」という地名の誕生である。その命名者は初代浦安村長の新井甚左衛門《あらいじんざえもん》だと言われている。甚左衛門は隣の「行徳《ぎょうとく》」の向こうを張って漁場（浦）の安泰を祈ってつけたとも、日本古来の美称、浦安の国（心安らぐ国）からその名を得たとも言われている。

「猫実」の意味

猫実村の由来について『浦安町誌』（一九六九年）にはこう書かれている。

鎌倉時代に永仁《えいにん》の大津波に遭い、部落は甚大な被害を被った。その後部落の人達は、豊受《とようけ》神社付近に堅固な堤防を築き、その上に松の木を植え、津波の襲来に備えた。堤防はその頃としては実に立派なもので、村の者はこの堤防の完成を喜び、今後はどんな大きな津波がきても、この松の木の根を越すようなことはないと喜んだ。この松の根を波浪が越さじとの意味から「根越《ねこ》さね」といい、それがいつの間にか猫実と称せられるようになり、本村の村名となったという。

豊受神社は平安末期の一一五七（保元二）年に創建された神社で、この神社の創建が浦安の始まりだとされている。その豊受神社に足を運んでみた。東京メトロ東西線の浦安駅から南に数分も歩くと境川《さかい》に出る。この境川が昔の浦安と新しい浦安の境を成しているとのことで、この川の周辺に浦安の古い歴史を物語る建造物が集中している。

その一角に豊受神社はあった。確かにちょっと高台になっていて、津波を防ぐような雰囲気も感じられたが、実は昔の豊受神社はここではなく、行徳方面に向かう行徳街道沿いにある稲荷《いなり》神社の周辺にあったという。稲荷神社にも行ってみたのだが、松の木のようなものは見当たらない。

海の孤島？

昭和の初め頃の浦安の様子を描いた小説『青べか物語』で、山本周五郎は次のように書いている。

浦粕町《うらかすまち》は根戸川のもっとも下流にある漁師町で、貝と海苔《のり》と釣場《つりば》とで知られていた。

町はさして大きくはないが、貝の缶詰工場と貝殻《かいがら》を焼いて石灰を作る工場と、冬から春にかけて無数にできる海苔干し場と、そして、魚釣りに来る客のための釣舟屋と、ごったくやといわれる小料理屋の多いのが、他の町とは違った性格をみせていた。

続けて「町は孤立していた。北は田畑、東は海、西は根戸川、そして南には『沖の百万坪』と呼ばれる広大な荒地がひろがり、その先もまた海になっていた」と書いている。「浦粕」とは「浦安」、「根戸川」とは「江戸川」のことである。この町が近代都市として発展するようになったのは東西線が通るようになってからのことで、浦安駅は一九六九（昭和四四）年に開業している。それまでは「陸の孤島」と呼ばれていたが、私は「海の孤島」という表現の方が当たっているのではないかと考えている。

キティ台風

三方を水で囲まれた浦安は江戸時代から洪水の常襲地でもあった。中でも一九一七（大正六）年の津波（高潮）と一九四九（昭和二四）年のキティ台風による被害は甚大であった。一七年の大津波（高潮）では、浦安を含む東葛地区で死者四四名、行方不明者一名に加

復元された漁師町「浦安」（浦安市立郷土博物館）　©中根正義

えて家屋の流出や浦安小学校の倒壊を含む二五〇〇戸以上の被害があったという。

　そしてキティ台風が浦安を襲ったのは一九四九（昭和二四）年八月三一日のことであった。神奈川県小田原市の西に上陸した台風は埼玉県熊谷《くまがや》市から新潟県柏崎《かしわざき》市を経て日本海に抜けていったが、台風の被害は進行方向の東側に集中するため、浦安を含めた首都圏は猛烈な暴風雨に見舞われた。そして運悪く浦安では満潮を迎えていたため、上潮《あげしお》に乗った高潮が沿岸部を襲った。

　午後九時頃になって、堤防が一四カ所決壊、その幅は九〇〇メートルに及び、濁流は民家、田畑を一瞬にして呑《の》み込んでしまった。その結果家屋の全・半壊、流失は三九〇戸、床上浸水は二四一九戸に及んだという。さらにその後も赤痢《せきり》の発生などで住民は苦しめられた。

三・一一では液状化の被害

このキティ台風以降、浦安市では大きな水害は発生していないが、思いがけない災害を被ることになった。それは二〇一一（平成二三）年三月の東日本大震災であった。浦安市の戦後に埋め立てられた地区の多くが液状化の被害を受けた。日本列島どこに行っても自然災害から完全にフリーになることは不可能なのかもしれない。

六　渋沢栄一の生まれ故郷「血洗島」と利根川の氾濫

「血洗島」伝説

二〇二一（令和三）年のNHKの大河ドラマ「青天を衝け」は渋沢栄一《しぶさわえいいち》の生涯を描いたものであった。埼玉県も大変な歴史的人物を生んだものである。日本を明治以降、欧米諸国に伍《ご》する資本主義国に育て上げたのは渋沢栄一であると言っても過言ではない。その功績は政治における大久保利通、伊藤博文、文化における福沢諭吉に匹敵すると言ってよい。

その渋沢栄一は一八四〇（天保一一）年、武蔵国《むさしのくに》榛澤《はんざわ》郡血洗島《ちあらいじま》（現埼玉県深谷《ふかや》市血洗島）に生まれた。「血洗島」とは何ともおどろおどろしい地名だが、こういうケースではよく伝説が生まれる。「血を洗った」という強烈な印象を与えるからである。

例えば、赤城《あかぎ》の山霊が他の山霊と戦って片腕を切られ、この地で血を洗い流したとか、八幡太郎義家《はちまんたろうよしいえ》が利根《とね》川で合戦した際に負傷し、ここで血を洗い流した、などという伝説が生まれることになる。渋沢栄一自身も『龍門《りゅうもん》雑誌』の中で「恐ろしげなるこの村名のかげには幾多の伝説や口碑とが伝わっている。しかし、それは赤城の山霊が他の山霊と戦って

利根川の氾濫によって成った血洗島の風景　©中根正義

片腕をひしがれ、その傷口をこの地で洗ったという」と述べている。

地名伝説をどう見るか

地名に伝説はつきものである。ことに中世以前になると何が真実かはわからない。伝説はその大半がフィクションである。囲《い》炉《ろ》裏《り》を囲んで古老が語ったことが、後に庶民の間に伝承されてきたものが伝説である。テレビもラジオもSNSもなかった時代のエンターテインメントであった。だから話の中身は当然のこととして奇想天外なものになることが多い。赤城の山霊の話などはその類いである。

同じ地名伝説でも、同県下の「熊谷《くまがや》」

「鴻巣《こうのす》」のように江戸時代の文献に由来が説かれていたり、その伝説にちなんだ神社が現存したりすると、史実ではないかもしれないが「それに近いことがあったんだな」と土地の歴史に思いを巡らせることもできる。しかし、この「血洗島」の場合はその手掛かりになるものは存在していない（「熊谷」「鴻巣」の伝説については拙著『埼玉 地名の由来を歩く』ベスト新書、参照）。

実は「血洗」にまつわる地名は京都にもある。東山・南禅寺の入り口に当たる地点に「蹴上《けあげ》」という一風変わった地名がある。その昔 源 義経《みなもとのよしつね》がこの坂に差し掛かった時すれ違った一行の馬が跳ね上げた泥水が義経にかかり、激怒した義経はその一行を皆殺しにしたという伝承がある。血のついた太刀《たち》を洗った池を「血洗池」と呼んだという。現在は小学校の敷地になっている。「血洗島」に比べればいくらか信憑《しんぴょう》性が高い伝説と言えるかもしれない。あくまでも「蹴上」という地名が中心になっているからである。

利根川の氾濫原から

「血洗島」の由来に関しては、以上のように「血」にこだわった解釈が多く見られる。それは「血」という文字がそれこそ「血なまぐさい」印象を与えているからだが、別の解釈もある。それは利根川の氾濫原《はんらんげん》によるというものだ。

この説によると、「ちあらい」は「血洗い」ではなく「地洗い」、すなわち利根川の度重なる洪水によってできた氾濫原によるということになる。近世までは河川には確たる堤防は施されておらず、大雨が降ると河川は氾濫し、隣接する土地を洗い流す結果となった。その意味では「地（血）洗」は立派な水害地名である。

地名の世界では「音《おん》」が適当な漢字に転換されることはよくあること。「地」が「血」に代わったとしても何ら不思議ではない。血洗島の場合、注目すべきはむしろ「洗」の方だろう。近年は利根川の治水対策が行き届いているので大きな氾濫は起きていないが、かつては「坂東太郎《ばんどうたろう》」の異名を持った暴れ川の利根川が「地を洗い流した」のである。土地を洗い流す現象と、負傷して血を洗い流す行為がオーバーラップして生まれた地名ではなかったか。

この説を裏付けるように、近隣には「西島《にしじま》」「内ケ島《うちがしま》」「大塚島《おおつかじま》」「矢島《やじま》」「伊勢島《いせじま》」「高島《たかしま》」などの村名が江戸時代に存在していたことが確認されており、氾濫時の状況を彷彿《ほうふつ》させる。

渋沢栄一の生家「中の家」(埼玉県深谷市血洗島)。著者撮影

氾濫が生んだ深谷ねぎ

　ＪＲ深谷駅の前の小さな公園に渋沢栄一の堂々たる銅像が建てられている。そこから車で一〇分ほどの所に渋沢栄一記念館がある。その北側を流れる川沿いに一〇分も歩くと渋沢栄一の生家の裏手に出る。そこに「青淵《せいえん》由来之跡の碑」がある。「青淵」とは渋沢栄一の雅号で、栄一は終生この雅号を使用している。「青天を衝け」のタイトルはこの雅号からとったものであろう。確かに渋沢栄一には「青」が合っている。

　栄一の生家は「中の家」（なかんち）の屋号で呼ばれていたが、現在の建物は一八九五（明治二八）年に再建されたものである。

　周囲には深谷ねぎなどの畑がどこまでも

広がっている。利根川は度重なる氾濫によって土地を洗い流したが、その代償として肥沃な土地を残してくれた。それが今日、日本中に知られる深谷ねぎを生んだのである。

水害地名などというとそれだけで危険な土地と思ってしまいがちだが、それは皮相な見方である。川は時に洪水を起こして人々の生活を脅かすこともあるが、他面多くの恵みを与えてくれる存在である。

人は土地の風土の中で成長するといわれるが、川は風土を構成する重要な要素である。日本の近代をつくった渋沢栄一はまごうかたなく、利根川の織り成す風土の中で育まれたのである。

七　赤城山が洪水によって流れてきた?!――千葉県「流山」市

市民も知らない「流れ山」の由来

流山《ながれやま》市は千葉県北西部に位置する比較的小さな都市である。市域からいうと三五・三二平方キロメートルで千葉県の市の中では五番目に狭い。東京都心部から二〇～三〇キロという位置にありながら都心からの直通の鉄道がなかったために、JR常磐《じょうばん》線沿いに発展してきた松戸《まつど》市や柏《かしわ》市に比べると開発の面では一歩後れを取っていた。

しかし、二〇〇五（平成一七）年につくばエクスプレス（TX）が開通し「南流山駅」「流山おおたかの森駅」が開設されたことによって、人口が著しく増加し、その増加率は全国でもトップを競っている。

流山は江戸時代から味醂《みりん》の産地として知られ、その名は全国に知れ渡っていた。江戸《えど》川による舟運《しゅううん》で栄え、一八六八（明治元）年に成立した葛飾《かつしか》県の県庁所在地になったこともある。町制を敷いたのは一八八九（明治二二）年で、「流山市」になったのは戦後二〇年以上を経た一九六七（昭和四二）年のことである。

さてこの「流山」という地名は洪水に由来する地名である。このことを知る人は、千葉県下はおろか流山市民の中でも少ないに違いない。

よくよく考えてみればわかることだが、「流れ山」なのだから「山が流れてきた」という事実があったとしても不思議ではない。その謎を解き明かしてみよう。

赤城山が流れてきた？

「流山」のかつての中心地に行くには常磐線の馬橋《まばし》駅から出ている流山鉄道（正確には流鉄流山線）で向かうのがいい。馬橋駅と終着駅の流山駅を含めてもたった六つの駅でつながるローカル線だが、情緒たっぷりの二〇分だ。

流山駅の一つ手前が平和台駅だが、この駅の開設当時の名前は「赤城《あかぎ》駅」だった。この「赤城」という地名こそ「流山」の謎を解く鍵だったのだが、一九七四（昭和四九）年周辺を開発した不動産会社の名前を取って「平和台駅」に変えたというのだからあきれる。

駅から数分の所にこんもりとした山がある。これが「流山」のルーツとなった「赤城山《やま》」である。高さ一五メートル、周囲は三五〇メートルある。山頂には赤城神社が鎮座している。石段を上り詰めた所に一八一四（文化一一）年に建てられたという石碑に、建長年間

赤城山が流れてきたと伝わる赤城神社。著者撮影

（一二四九～五六）に上州赤城山の一角が崩れここに流れ着いたとある。原文は次の通り。

赤城神社者上毛之鎮也生雲霧起風雨以祉福一圀建長中其山自爆土壌崩流離而客干下総即葛飾郡流山邨其地也…

これだけの碑が残されている以上単なる伝承で済ますわけにはいかない。八〇〇年近く前すさまじい洪水によって赤城山の一部もしくは赤城神社のお札等が流されてきたというのは、信じていい話だろう。

江戸川両岸は一体だった

流山市の西側には江戸川が流れており、

この江戸川の両岸一帯は古来、洪水常襲地帯として知られてきた。現在は関宿《せきやど》（現野田市）地点に設けられた「関宿水門」で、利根川から江戸川へ落とす水量を調節しているので大きな洪水の被害は起きていないが、もともと江戸川は「太日川」（「おおいがわ」もしくは「ふといがわ」）と呼ばれ、かの暴れ川として知られる渡良瀬《わたらせ》川の下流であったと言われている。それを考えれば、赤城山もしくは赤城神社が流れ着いたという話も信憑《しんぴょう》性を帯びてくる。

もう一つ理解していてほしいことがある。今は江戸川の左岸の流山市は千葉県、右岸の三郷《みさと》市・吉川《よしかわ》市は埼玉県と、あたかも別の地区のように見えるが、鉄道が敷かれる明治半ばまでは江戸川の舟運で両岸は密接につながった同一エリアと言ってよかった。

現在は河川が県や市町村の境界になっている所が多いが、舟運が主流だった一〇〇年余り前までは、人々は川に向き合って生活していた。これは河川問題を考える上の必須の知見である。とりわけ、一八九〇（明治二三）年にオランダ人技師ローウェンホルスト・ムルデルの尽力によって完成した日本初の西洋式運河である利根運河によって、新たに利根川と江戸川が結ばれて江戸川の役割は増していた。江戸川の両岸が同一だったことは、流山に葛飾県の県庁を置いたことでも理解できる。

「水塚」はあったか

千葉県在住の郷土史家の調べたところによると、この江戸川流域の洪水常襲地域には「水塚《みづか》」という水難防止用の塚が存在していたという。「水塚」とは文字通り洪水時に避難するために築いた塚を意味するのだが、全国的には濃尾《のうび》平野の輪中《わじゅう》地帯の「水屋」がよく知られている。その調査によれば、三郷市には一三個、吉川市には一〇個の水塚が確認されたが、流山市には確認できなかったという。

流山市に確認できなかったとして挙げている理由が面白い。流山では洪水が起きたら高台に避難すればよかったからだという。なるほどと思った。流山市は南北に長く江戸川沿いと南部は低地だが、中部から北部にかけては標高一五～二〇メートルの台地が続いている。この台地のお陰で歴史に残る一九四七（昭和二二）年のカスリーン台風（本章第一〇節参照）の際もほとんど被害がなかったという。

赤城神社への祈り

「流山」という地名は洪水に由来することは疑いようのないところだが、地名が洪水に由来するからといって一律に危険視することは誤りだという、いささかパラドクシカルな話である。

赤城神社が鎮座する赤城山は流山の台地上にあり、山はさらにその上に一五メートルの高さを誇っている（!?）。いかにも不自然だ。この山は人工的に築かれたものであることは疑いようもなく、その山頂に鎮座している赤城神社には、二度と神社を流してはいけないという古人の祈りが込められている。

八 「逆水」はバックウォーターを予知していた！

バックウォーター現象

近年の台風や集中豪雨による河川災害は線状降水帯による被害など新たな視点で論じられることが多くなった。中でも「バックウォーター現象」なるものが密《ひそ》かに注目を集めている。「バックウォーター」は文字通り訳せば「逆流」だが、つまるところ近年の洪水の陰には逆流があったということだ。しかも興味深いことにこの意味を示唆した地名が日本には存在している。

バックウォーター現象が起こったと見られるのは、河川の本流に支流が流れ込む部分である。本流の水量が多くなり水位が高まると支流から本流に流れ込めなくなって、支流をさかのぼることになる。これがバックウォーター現象である。

二〇一八（平成三〇）年六月二八日からの西日本豪雨では岡山県の高梁《たかはし》川の支流である小田《おだ》川にバックウォーター現象が起こり、周辺は水に沈んだ。また、二〇一九（令和元）年の台風一九号で大きな被害を受けた宮城県丸森町《まるもりまち》も阿武隈《あぶくま》川支流の新川《しんかわ》の氾濫は同じ原因によるものだったし、神奈川県川崎市の被害も本流の多摩川に支流の平瀬《ひらせ》川が流れ込めずに逆流したことによるものだった。

そして、二〇二〇（令和二）年の九州豪雨の熊本県球磨《くま》郡球磨村の水害も同様の立地条件のもとで発生した。

すでに述べたように河川による洪水の本質は極めて単純な原理によって引き起こされる。一つは「水は高きから低きへ流れる」ということであり、もう一つは「水は一定の許容量を超えると溢《あふ》れる」ということである。この原理によってバックウォーターによる災害も説明可能となる。要は、行き場所を失った水は逆流し、一定の許容量を超えると水は溢れるということだ。

「逆川」という川名

このような現象を象徴するかのように、我が国には「逆川」（さかさがわ、さかがわ）という川名が多数分布している。これは注目すべき事実だ。北海道から中国・四国地方まで数十カ所に及んでいるが、特に関東地方には多い。

「逆川」の由来としては、①潮位の上昇や河川の合流先河川の増水などによって水が逆流する川、②地形的に付近の河川とは逆の方向へ流れている川、などの説が考えられるが、逆川は人工的な小規模な河川も多く、水が逆流して洪水を引き起こしたという例は意外に少ない。

例えば栃木県芳賀《はが》郡茂木町《もてぎまち》を流れる逆《さか》川はしばしば洪水を起こしてきた川として知られるが、それは水が逆流したわけではなく、流路が通常の河川とは異なる方向を取っているからだと言われる。

また、静岡県の掛川《かけがわ》市内を流れる逆《さか》川も「欠け川」と呼ばれるほどの暴れ川であったが、その川名の由来は、川の流れが南方の海方面にではなく、北西方面に向かっているからであるという。

このように、「逆川」の由来は流路の方向が一般の河川とは異なっているところにあるケースが多く、逆流して水害をもたらしたという話は寡聞《かぶん》にして知らない。

印旛沼と「逆水」

ところが、このバックウォーター現象そのものを表す地名が、我が国に一カ所だけ存在する。千葉県八千代《やちよ》市の米本《よなもと》地区に「逆水《さかさみず》」という地名がある。これこそ「バックウォ

利根川の東遷によって印旛沼周辺の村々はたびたび浸水被害に遭うことになった
©中根正義

ーター」そのものを指している。

印旛《いんば》沼はもともと鬼怒《きぬ》川からの土砂の堆積によって、古鬼怒《こきぬ》湾から切り離された沼《しょう》沢《たく》地だったが、江戸時代に入ってそれまで江戸湾に流れ込んでいた利根川を銚子《ちょうし》方面に東遷したことによって大きな変貌を遂げることになる。利根《とね》川東遷の最大の目的は江戸を水害から守ることにあったが、それ以外にも、利根川を通じて物資を輸送することの他、軍事的な目的もあったと言われる。

この利根川東遷によって、甚大な被害を受けたのが印旛《いんば》沼周辺の村々であった。印旛沼は第二次世界大戦後の干拓によって現在は北印旛沼と西印旛沼に分かれているが、

普段は印旛沼（向こう側）に流れる新川は印旛沼が溢れると逆流した
©中根正義

かつては周囲六〇キロに及ぶ巨大な沼であった。平均水深わずか一・七メートルというフラットな沼に、大雨が降るたびに利根川から大量の水が流れ込み、沼周辺の村々を洪水が襲った。

この危機から脱するために、当時の人々はとてつもないことを考えた。印旛沼に溢《あふ》れた水を何と江戸湾に流そうと考えたのである。下総国《しもうさのくに》千葉郡平戸《ひらど》村（現八千代市平戸）の名主、染谷源右衛門《そめやげんえもん》は一七二四（享保九）年、幕府の援助を受け印旛沼に流れ込む平戸川（新川《しんかわ》）と江戸湾に注ぐ花見川をドッキングさせようとした。流れる方向の違う二つの河川をつなぎ、溢れた水を江戸湾に排水しようという一大プロジェクトであった。

源右衛門の試みは結局失敗に終わり、その後も幕府挙げてこの一大難工事に取り組んだが完成には至らず、結局この難工事が完成したのは戦後の一九六六（昭和四一）年のことだった。

八千代市の新川沿いの米本地区に字名《あざめい》としてある「逆水」は、普段は印旛沼に向かって流れている川が、いったん印旛沼に水が溢れると「逆流」したことを意味していたのだ。これは、過去の人々からの貴重なメッセージであり、「バックウォーター現象」を象徴する地名であったのである。

九　「水海道」に隠された水と人のつながり

「水海道」という地名

茨城県に「水海道」という市があった。「みずかいどう」ではなく「みつかいどう」と読む。「水海道《みつかいどう》町《まち》」が成立したのは一八八九（明治二二）年の市制・町村制によるものなので古い歴史を持っている。「水海道市」になったのは一九五四（昭和二九）年のことだが、平成の大合併によって二〇〇六（平成一八）年、石下町《いしげまち》を編入しただけなのに「常総《じょうそう》市」という何の変哲もない地名に変えられてしまった。

「水海道」という文字を見ただけで、多くの人々は水に弱いというイメージを抱くに違いない。確かに常総市はかの暴れ川として知られる鬼怒《きぬ》川と小貝《こかい》川とに挟まれ、古来洪水に悩まされてきたことは疑いようのない事実だ。

関東・東北豪雨

関東地方一帯を二〇一五（平成二七）年九月、台風一八号が襲った。九月九日東海地方

鬼怒川(左下)の堤防が決壊し、濁流に呑み込まれた住宅地＝茨城県常総市で2015年9月10日。毎日新聞社提供

に上陸した台風は日本列島を横断し、前線の影響で関東地方と東北地方に甚大な被害をもたらしたことから「関東・東北豪雨」と呼ばれている。

九月九日から一一日にかけて関東地方では六〇〇ミリ、東北地方で五〇〇ミリを超える大雨になった。二〇二二(令和四)年一二月の内閣防災情報によると、死者は全国で災害関連死も含めて一四名、住宅の全壊八一戸、半壊七〇四五戸、床上浸水二四九五戸、床下浸水は実に一万三一五九戸に達している。

九月九日に降り出した雨は栃木県日光市五十里《いかり》で、二四時間で五五一ミリにも及び、常総市付近では一〇日早朝には鬼怒川の数カ所で越水が起こり、ついに一二時五〇分同市三坂町《みさかまち》で堤防が切れ濁流が市内になだれ込んだ。その結果、全市域の三分の一に当たる四〇平方キロメートルが浸水した。常総市の中心市街地は鬼怒川と小貝川に挟まれた南北に延びる低地だが、壊滅的な被害を受けた。国土交通省のホームページによると、鬼怒川流域の死者六名（うち関連死四名）、全半壊の家屋は五〇〇〇戸以上に及んだという。

大型商業施設の屋上に逃げ、濁流の中に取り残された約一〇〇〇人が、翌日自衛隊のヘリコプターによって救出された光景はまだ記憶に新しい。関東鉄道常総《じょうそう》線は、鬼怒川の決壊によって浸水の被害を受けて運休、水海道車両基地も被害を受けた。

柳田国男の「御津垣内」説

水海道の由来については、平安時代の武将坂上田村麻呂《さかのうえのたむらまろ》が馬に水を飲ませた故事（水飼戸・ミツカヘト）によるとも言われているが、この種の田村麻呂伝説はどこにでもあるものなので聞き流しておく。柳田国男《やなぎたくにお》は御津垣内《みつかいど》（水運の集散地）に由来するのではないかとしている。寛永年間（一六二四〜四四）には鬼怒川と利根《とね》川がつながり、水海道は江戸から下総《しもうさ》・下野《しもつけ》一帯を結ぶ河岸《かし》として栄えた。つまり水海道は利根川水系の主要な河岸

（船着場）として栄えたのである。柳田は『地名の研究』（一九三六年）の中で「水海道古称」としてこう述べている。

御津のミツはいたって古くまた弘く、日本に行われていた地名であり、同時にまた一つの敬語でもあった。どこかこの附近にあった官公署または地頭などのために、貨財を積み卸しする舟着場が、夙《つと》にこの土地にあったところから、御津という地名がここにも生まれていたのである。

今日カイドウと長母音を用いるのは、おそらくは海道の文字に引かれたので、本来はカイド、カイト、またはカキウチ、カキツ等々という地方も多く、垣内と書くのが最初の漢字であったらしい。今風の言葉で解説すれば指定開墾地、公けの許可を受けて一定の地域を囲い、そこに稲田を耕して住む者のある場処といってよかろう。

柳田国男は少年期から青年期にかけて利根川べりの布川《ふかわ》（現茨城県北相馬郡利根町《とねまち》）で過ごしただけに、この「御津垣内」説は妙に説得力がある。柳田が目にした利根川は明治中頃の風景だったが、その頃の利根川には多くの船舶が行き交い、物資の流通の要であったことが自叙伝『故郷七十年』（一九五九年）に書き留められている。

川の水と海をつなぐ道？

仮に柳田の説が正しいとすると、ある時期に「御津垣内」から「水海道」に転訛《てんか》したことになるのだが、その時期の詳細はわからない。ただ「水海道村」は江戸時代には成立しているので、それ以前ということになる。

ここで私の説を述べてみよう。私には「水海道」という地名にはあるメッセージが託されているように思えてならない。水海道が河岸だったとすると、川の「水」は自ずから「海」につながることになる。つまり明治の中頃までは河川による水運（舟運《しゅううん》）が輸送の中心であり、その意味で「川の水と海をつなぐ道」を意味していたのではないか。あくまで仮説の域を出るものではないが、半世紀もの間全国の地名の由来を訪ね歩いてきた経験による勘みたいなものである。

「水海道」という地名は常総市以外に同じ茨城県結城《ゆうき》市の鬼怒川沿いと、岐阜県岐阜市の木曽《きそ》川沿いにある。いずれも川の水と海をつなぐ所に位置している。

水害の裏に

近年、異常気象による河川の氾濫によって、「危ない地名」とか「住んではいけない地名」などネガティブなキャンペーンが張られることが多いが、洪水によるデメリットだけを強調することに異議を申し立てたい。どんなに水害の危険にさらされようとも、そこに住むようになったのには必ず訳がある。それを探らずに一方的にネガティブキャンペーンを張ることには反対する。本書の執筆を通じて得た教訓である。

十　渡良瀬川と「谷中村」――洪水によって運ばれた鉱毒

「瀬」のつく川の豆知識

「瀬」という地名は深く「水」に結びついている。一般的には川の浅く流れの速い所を「瀬」と呼んでいる。「浅瀬」とは言うが「深瀬」とは言わない。川中島で「鞭声粛々《べんせいしゅくしゅく》」と夜河《よるかわ》を渡ったのはこの「瀬」である。

もちろん川を構成しているのは「瀬」だけではない。「瀬」に対して水が滔々《とうとう》と流れている深い所を「淵」と呼んでいる。川はこの「瀬」と「淵」を繰り返しながら下流に向かっていく。

世の中には「瀬川さん」という人もいれば、「川瀬さん」という人もいる。それだけ川瀬が人々の生活に結びついている証しである。「瀬」が川にちなむ地名だとすると、川の氾濫と無関係ではなくなってくる。

「瀬」がつく川は全国にいくつもあるが、代表的なものに栃木県の渡良瀬《わたらせ》川、青森県の奥《お》入瀬《いらせ》川、仙台市を流れる広瀬《ひろせ》川、長野県安曇野《あづみの》市を流れる高瀬《たかせ》川などがある。これらはいずれも自然の川の「瀬」にちなむものである。ただ京都市内を流れる高瀬川は人工的に開削されたもので、その高瀬は「高瀬舟」によるものだ。高瀬舟は古くは船底が深く「背が高かった」（高背）ところからこの名がついたという。これはちょっとした豆知識。

渡良瀬川

渡良瀬川は栃木県日光市《にっこう》と群馬県沼田市《ぬまた》の境にある皇海山《すかいさん》を源流とする全長一〇七・六キロの一級河川で、茨城県古河市《こが》で利根川《とね》と合流する。利根川の支流の中では鬼怒川《きぬ》、小《こ》貝《かい》川に次いで三番目の長さだが、流域面積では二六二一平方キロメートルと最大を誇っている。

現在は利根川の支流となっているが、昔は独立した川として江戸湾に注いでいた。徳川《とくがわ》家康《いえやす》は江戸に入府《にゅうぶ》して城下町を洪水から守るために、やはりそれまで江戸湾に注いでいた利根川を銚子《ちょうし》方面につけ替えるよう関東郡代の伊奈忠次《いなただつぐ》に命じた。この利根川の東遷と同時に渡良瀬川は利根川の支流となったのである。

渡良瀬川という川の名前は上流の足尾町《あしおまち》（現日光市足尾地区）にある「渡良瀬」という地名にちなむものだが、これは一二〇〇年前に日光を開いた勝道上人《しょうどうしょうにん》が浅瀬を渡って無事に対岸にたどり着けたところから命名されたと伝えられる。

足尾銅山と鉱毒事件

この渡良瀬川の上流に銅山が開かれたのは江戸時代初期、一七世紀初頭のことであった。足尾銅山と名付けられたこの銅山は、幕府の全面的な支援を受けて、ピーク時には年間一五〇〇トンの産出量があったという。産出量が減って幕末からほぼ閉山状態だったが、明治に入って民営化され、新たに鉱脈が発見されると産出量が増えて日本の資本主義の発展に大きく貢献することになる。最盛期の二〇世紀初頭には全国の産出量の四〇パーセントを占めたという。

しかし、この銅山の繁栄の陰には「公害」の危機が忍び寄っていた。坑木《こうぼく》や製錬《せいれん》の燃料のために森林を伐採したために洪水が頻繁に起こり、渡良瀬川下流域はそのつど大きな被害を受けた。渡良瀬川の場合、厄介なのは単なる氾濫ではなく鉱毒が含まれていたことである。中でも一八九六（明治二九）年の大洪水では、鉱毒被害は渡良瀬川・利根川・江戸川流域の一府五県に及んだ。

「谷中村」と田中正造

　この足尾銅山鉱毒事件に命がけで立ち向かったのが栃木県選出の衆議院議員の田中正造《たなかしょうぞう》（一八四一〜一九一三）だった。田中は国会で繰り返し足尾銅山の廃鉱を訴えるも受け入れられず、ついに一九〇一（明治三四）年一二月、議会開院式からの帰宅途中に明治天皇へ直訴するという行動に出た。

　この事件が引き金になって政府は対応を迫られたが、政府の出した策は渡良瀬川下流域に位置する「谷中《やなか》村」を廃村にして、そこに巨大な遊水地を造るというものだった。谷中村は渡良瀬川、思《おもい》川、巴波《うずま》川が合流する低地に位置し、古来度重なる洪水に悩まされていたとはいえ、それなりに肥沃の地だった。

足尾鉱毒事件の解決に命をかけた田中正造。毎日新聞社提供

　その村を潰して鉱毒の壺のような遊水地を建設することに村人は激しく抵抗した。田中正造も谷中村に移住して抵抗したが、政府は一九〇七（明治四〇）年、強制排除

に踏み切り、谷中村は廃村に追い込まれた。三〇〇〇名近くいた村人の多くは近隣の町村への移住を余儀なくされたが、中にはやむなく北海道へ渡る人々もいた。その谷中村跡地に造られたのが現在の渡良瀬遊水地である。

カスリーン台風

渡良瀬川の戦後を象徴する洪水と言えば、一九四七（昭和二二）年九月、関東地方を襲ったカスリーン（キャスリン）台風によるものだった。この台風は関東地方から東北地方にかけて記録的な被害をもたらし、死者一〇七七名、行方不明者八五三名、浸水家屋三八万四七四二戸と桁違いの被害を与えたことでその名を歴史にとどめている。

この台風による被害の特徴は利根川水系の河川や荒川の堤防が至る所で決壊し、埼玉県東部と東京の足立区・葛飾《かつしか》区・江戸川《えどがわ》区などの下町一帯まで浸水したことである。利根川の洪水がこれらのエリアを襲ったのは一九一〇（明治四三）年の大洪水以来のことだった。

しかし、被害は利根川水系の北関東の方が甚大で、群馬県で五九二名、栃木県で三五二名の死者を出している。また利根川水系の死者・行方不明者一一〇〇名のうち七〇九名が渡良瀬川流域の被害者だとするデータもある。渡良瀬川恐るべし！　である。

十一　「沼」がつく場所は危険なのか？

「長沼」の氾濫

「池」や「沼」などの低地を示す地名が水害を受けやすいとして危険視されることがあるが、一方的にネガティブキャンペーンを張ることは誤りである。地名はそれぞれ固有の歴史と風土の上に成り立っているものなので、それに沿って検証する必要がある。

すでに述べたように、水害を起こす原理を最も単純化して言えば次の二つに尽きる。

①水は高きから低きに流れる。

②水は許容量を超えると溢《あふ》れる。

①は当然のことだが、②については若干説明を要しよう。近代の河川の管理方式は「高《こう》水《すい》工事」と言って、その地点で瞬間最大何立方メートルの水を流せるかを想定し、それに見合う堤防を造るというものだった。これは河川の周辺の土地を最大限有効活用することを目的とするものであった。氾濫とはこの許容量を超えた結果生じる現象である。

さて、「水は高きから低きに流れる」という原理に従えば、「沼」「池」「田」「川」などにちなむ地名は危険ということになる。

確かに二〇一九（令和元）年一〇月の台風一九号によって長野県の千曲川《ちくま》が決壊したのは、長野市穂保《ほやす》の長沼地区であった。近くには「赤沼《あかぬま》」なんて地名まである。この地区はかつて千曲川の河道だと言われ、今は一面りんご畑になっているが、昔は「長い沼」になっていたのだろう。標高は三三〇メートル余りで長野市の中心市街よりも三〇メートルも低い。赤沼地区にある長野新幹線車両センターの全車両（一〇編成）は浸水し廃棄処分となった。

この事例だけを見ると確かに「沼」地名は危険であるように見える。しかし、「沼」という文字がついている所がすべて危険であるというわけではない。逆は必ずしも真ならずということだ。

「沼」がつく名字の人が多いのはなぜ？

読者の皆さんの知人・友人に「沼」の字がつく人がいると思う。「沼田さん」「大沼さん」「小沼さん」「沼辺さん」「沼尻さん」など、そして歴史的な人物としては田沼意次《たぬまおきつぐ》、浅沼稲次郎《あさぬまいねじろう》などの大物もいる。

私の知り合いに「水沼さん」（故人）という方がいた。彼は仙台で勢力を築いていた「水沼一族」の末裔《まつえい》であることを誇りとしていた。「水沼」と聞けばあたかも水害地名そのものだと考えがちだが、ことはそう単純ではない。現在の水害などの災害防止の観点から見ると、沼や池は危険に見えるが、昔の人々にとっては貴重な水源池であり生活の糧であった。それ故「沼」や「池」の文字を付した豪族や氏族が多かったのではないか。

水害防止の目で見れば水は「邪魔者」でしかないが、昔の人々にとっては農耕に必要であると同時に、生活上の「必需品」であったのである。そのささやかな検証をしてみよう。

「沼田」氏による命名

「沼」のつく自治体名としては、まず群馬県の「沼田市」が挙げられるが、これは単純に地形の沼に由来すると結論づけることはできない。沼田市は中世以来の城下町として知られ、沼田城は戦国期には武田信玄《たけだしんげん》・上杉謙信《うえすぎけんしん》・後北条氏《ごほうじょううじ》による争奪の対象になった城として知られる。戦国時代末期には信濃《しなの》の名将・真田昌幸《さなだまさゆき》が領有地としたこともある。

地形的には市街地の西側を利根川が流れ、南端を支流の片品川《かたしな》が流れる河岸段丘の上に位置し、直接地形の「沼田」に由来するとは考えにくい。

沼田城跡から見た群馬県沼田市街

沼田の由来は、中世以来この地に勢力を張っていた沼田氏にあると言っていいだろう。地形の「沼田」とは直接関係ない。

また、北海道空知《そらち》管内北部に「沼田町《ちょう》」がある。この町も地形の「沼」とは無縁である。この地の開拓は一八九四（明治二七）年富山出身の豪商「沼田喜三郎《ぬまたきさぶろう》」が開拓したのが始まりである。もちろん町名はこの「沼田喜三郎」に由来する。町制が敷かれて「沼田町」が成立したのは一九四七（昭和二二）年のことである。

このように危険な地名として一律に烙印《らくいん》を押すことは誤りだが、低地地名の場所が水の被害を受けやすいことも事実である。

「池尻」「沼尻」「田尻」などの「尻」地名は水の排出地点を示し、周囲より低くなっていて水害を受ける可能性が高い。「尻」のつく地点はもともと池や沼の排水口であった所で、水の調節上重要な役割を果たしてきたが、時代の流れの中で水を抜かれ池や沼のあった一帯は、現在は住宅地になっている所が多い。その典型は東京の世田谷区にある「池尻《いけじり》」（一～四丁目）で、明治初期の地図にはかなり広い池が記されている。東急田園都市線に「池尻大橋」という駅があるが、これなどもここにかつて池があったことを物語っている。

第二章　名古屋・中部地方を襲った水害と地名

一　伊勢湾台風で沈んだ名古屋市と輪中地帯

「東海道」が消えた？

「東海道五十三次《とうかいどうごじゅうさんつぎ》」という言葉がある。江戸から京都までの間に品川《しながわ》宿から大津《おおつ》宿まで五三の宿駅があるという意味だ。主な国別に宿駅の数を記してみると不思議な事実が浮かんでくる。

駿河国《するがのくに》（一二）遠江国《とおとうみのくに》（九）三河国《みかわのくに》（七）尾張国《おわりのくに》（二）伊勢国《いせのくに》（七）

見てわかるように、他の国々に比べて尾張国だけがなぜか「二」と圧倒的に少ない。それはなぜか？　そこに秘密が隠されている。

現代人の我々は、東海道と聞くと名古屋を経て関ケ原を通って京都に向かうルートを想定してしまう。ところが、東海道はもともと名古屋の手前で突然消えてしまっていた！消えてしまうと言えばややミステリアスだが、陸路をたどってきた東海道は名古屋の手前の宮《みや》宿で海路に変わり伊勢国《いせのくに》の桑名《くわな》宿に向かったのである。

東海道で海路をたどるのはこの宮宿―桑名宿の間だけだが、それはこのエリアが古くから河川の氾濫と高潮で悩まされる低湿地帯だったからである。

名古屋市熱田《あつた》区に「七里《しちり》の渡し」の跡が公園として残されている。ここにあった「宮宿」（熱田神宮《あつたじんぐう》にちなんでこう呼ばれた）で陸路の東海道はいったん途切れ、ここから「桑名宿」まで七里（およそ二八キロ）の船旅を経て京都に向かったのである。

広がる海抜ゼロメートル地帯

この一帯は「海部《あま》郡」という所で、古来海人部《あまべ》が住んでいた地域である。市町村名でいうと、「蟹江町《かにえちょう》」「飛島《とびしま》村」「弥富《やとみ》市」「津島《つしま》市」そして三重県に入ると輪中《わじゅう》地帯で知られる「桑名市長島町《ながしまちょう》」などがある。輪中とは、このあたりで水害を防ぐために周囲を堤防で囲んだ集落地帯のことをいう。

蟹江町は全域が海抜ゼロメートル地帯で、しかも町の五分の一が河川の流域で占められている。飛島村も単に「島が飛び飛びにある」ことから命名されたもので、水に弱いことの証しでもある。

弥富市もその多くが海抜ゼロメートルである。JR関西本線と名鉄尾西《びさい》線の接続駅として知られる「弥富駅」は、この駅そのものが海抜マイナス〇・九三メートルで、地上駅としては日本で最も低い駅である。

最後に三重県の桑名市長島町だが、ここも全域が海抜ゼロメートル地帯で、輪中の中に位置している。「長島」という地名は「七つの洲から成っている」ことから「七島」と呼ばれ、それが「長島」に転訛《てんか》したとされるが、単純に「長い島」でできていることに由来するという説もある。「長島町」は二〇〇四（平成一六）年に「桑名市」に合併されて現在は「桑名市長島町」となっている。

史上最悪の伊勢湾台風

東海道の陸路を断念させたのは濃尾《のうび》平野を流れる「木曽三川《きそさんせん》」と呼ばれる木曽川・揖斐《いび》川・長良《ながら》川が形成した広大な低湿地帯だったが、名古屋市も含めてそこを襲った象徴的な台風が「伊勢湾台風」である。

一九五九（昭和三四）年九月二六日、和歌山県の潮岬《しおのみさき》に上陸した台風一五号は、紀伊半島から東海地方を中心に全国的に多大な被害を及ぼした。伊勢湾沿岸の愛知県・三重県で

大量の貯木が流入して家屋の被害を大きくした名古屋市街。右下は長良川の決壊で水没した鉄路（関西本線）＝1959年9月27日。毎日新聞社提供

の被害が特に甚大であったために「伊勢湾台風」と呼ばれている。

犠牲者は五〇九八名（死者四六九七名、行方不明者四〇一名）、負傷者三万八九二一名というから桁違いの大災害であった。明治以降では最悪の惨事を引き起こした台風となった。

最大の原因は強風による吹き寄せと低気圧による吸い上げによる「高潮」であった。名古屋市の南区には五・三一メートルの高潮が押し寄せ、市内の三分の一が浸水したという。死者は名古屋市内だけでも一八五一名に及んだ。そして海抜ゼロメートル地帯の諸都市はほぼ完全に水没した。

旧「長島町」には「伊勢湾台風記念館」

があるが、そこで町域全部が七メートル水没し、水が完全に引くには半年かかったという話を聞き、そのすさまじさを目の当たりにした思いだった。

被害を大きくした原因はもう一つある。それは名古屋港の貯木場から、直径一メートル、長さ一〇メートル、重量七〜八トンに及ぶラワン材が高潮に運ばれて名古屋市内の家々を襲ったことである。これでは当時の木造家屋はひとたまりもない。

そして、さらに被害を深刻化させたのは、当時の汲《く》み取り式便所の汚水が蔓延《まんえん》したことで衛生状態が悪化したことである。名古屋市では空からＤＤＴなどの薬剤を散布したという。

その時を超えて

伊勢湾台風は私の故郷、長野県松本市も襲った。自宅の近くの大手橋という橋が流され、その後、木造の仮橋が架けられていたのだが、翌年一二月二六日午前一一時頃、路線バスが仮橋から転落し死者四名、負傷者四一名という事故が発生した。雪でスリップして、そのまま七メートル下の河原に転落したのだが、仮橋に手すりはついていなかった。当時、私は中学三年生で、学校の前を多くの救急車が走り抜ける音が今も耳に残っている。

私たち学校にいた子どもたちは難をまぬかれたものの、その両親に当たる方々に多くの犠牲者が出た。山間部の安寧な集落を襲った事故で、私たちの心に深い傷の影を落としている。ちなみに私の父はそのバスに乗る予定だったが準備が整わず乗り遅れて被害をまぬかれた。そのことは家族の中ではラッキーな出来事として語り継がれている。

台風は時を超えて被害を及ぼすこともあるという事例である。

二　「長久手」の暗号

小牧・長久手の戦い

「長久手《ながくて》」と言えば、歴史好きな人には「小牧《こまき》・長久手の戦い」がすぐ思い浮かぶに違いない。この戦いは羽柴秀吉《はしばひでよし》と織田信雄《おだのぶかつ》・徳川家康《とくがわいえやす》の間で繰り広げられた戦いで、犬山《いぬやま》城に拠点を置く秀吉軍に対して家康軍は小牧山城に陣を敷き、犬山城VS小牧山城のかたちでにらみ合っていたのだが、ある作戦のもとに戦場を「長久手（長湫）」に移して行われたので、一般に「小牧・長久手の戦い」と呼ばれている。

その戦略は秀吉軍が考えたもので、「中入り《なかいり》」というものであった。中入りとは対峙《たいじ》している敵軍の後ろに軍の一部を回して、双方から挟み撃ちする戦略である。一五八四（天正一二）年四月七日羽柴秀次《ひでつぐ》を大将とする一万五〇〇〇の軍勢が三河に向かった。

ところが、この戦略は家康側に筒抜けで、逆に家康軍が先手を打って長久手に移動して待ち伏せ、秀次軍を撃ち破ったというのがことの顛末《てんまつ》である。

長久手の意味

二〇一二（平成二四）年「長久手町《ちょう》」は「長久手市」になったが、「長久手」の表記の由来は明治にまでさかのぼる。一九〇六（明治三九）年、それまであった「上郷《かみごう》村」「岩作《やざこ》村」「長湫《ながくて》村」の三つの村が合併して「長久手村」が誕生した。「長久手」という表記は「長湫」の「湫」のイメージチェンジを図って表記を変えたに過ぎない。

「湫《くて》」とは「じめじめして水草などが生えている低地」を意味している。この一帯には遊水地をそのまま田んぼにしたところもあり、昔から湿田として知られていた。「長湫」は文字通り「長い湿地帯」を意味するわけで、秀次軍はそんな湿地帯で家康軍に襲われたことになり、完全に家康軍の作戦勝ちだった。

「湫」という地名は愛知県・岐阜県に多く、尾張旭《あさひ》市北原山町鳴湫《きたはらやまちょうなるくて》、岐阜県瑞穂《みずほ》市大湫《おおくて》町《ちょう》などがあるが、いずれも低湿地帯で水に弱い。

長久手地方には「香流川《かなれ》」という見目麗《みめうるわ》しい名の川が南東から北西方面に流れ、名古屋市名東《めいとう》区に注いでいるが、これまで幾度となく氾濫を繰り返してきた。最近では二〇〇〇（平成一二）年九月の東海豪雨で大きな被害を及ぼしている。

古戦場

長久手の取材に訪れたのは東日本大震災の年だったから、もう一〇年以上も前のことになる。リニモの「長久手古戦場駅」は二〇〇五（平成一七）年に開催された愛・地球博の長久手会場のために特設された駅である。

駅を降りてびっくり！ ホームが空中に浮いている！ それだけ長久手の谷が深いとも言えるのだろう。駅を降りて左手に一〇〇メートルも行くと、そこはもう古戦場公園である。公園の一角には市立郷土資料室が置かれ、討死した武将の塚などもある。

公園の西にある「血の池公園」という、聞くだに恐ろしい公園に足を運んでみた。今はグラウンドになっているが、石碑には「血の池は、家康方の渡辺半蔵《わたなべはんぞう》などの武将が、血槍や刀剣を洗ったことからその名の呼び名がついたと言われています」と刻まれている。

古戦場公園以外にも色金山《いろがねやま》歴史公園の山頂には、家康が軍議の際に座ったという「床机石《しょうぎいし》」が置かれている広場がある。結局家康の「長湫」の地形を利用した作戦勝ちだったのである。

三　長良川の告白——岐阜市を襲った大洪水！

長良川の告白

「長良《なが ら》川の告白」とは言っても、もちろん川が「告白」などするわけもない。長良川にかこつけて私が告白するという意味である。

二〇二二（令和四）年一〇月二八・二九日の両日私は岐阜市にいた。「都ホテル　岐阜長良川」からは眼下を流れる長良川が手に取るように見え、その先に養老《ようろう》山地の山々が遠望できた。私にとってこの光景は特別な意味を持っていた。実は今度の岐阜行きは私にとって四年ぶりの外出だったのである。この四年間難病のＡＬＳ（筋《きん》萎縮《いしゅく》性《せい》側索《そくさく》硬《こう》化症《かしょう》）との闘病に加えて新型コロナウイルスのために一歩も外出できなかったからである。

「岐阜のおもしろ地名ってナンヤローネ！」

そんな中、岐阜まで出かけたのはあるイベントに参加するためだった。一〇月二八～三〇日の三日間、岐阜市で「エンジン01文化戦略会議」のオープンカレッジ in 岐阜が開催された。エンジン01とは文化の醸成に携わる表現者・思考者の団体で、私もその一員である。

オープンカレッジのハイライトは二日目に開催される市民向けの講座である。様々なテーマで一〇〇以上の講座が設けられるが、この十数年、私は主に地名講座を主宰してきた。開催県の地名の由来などを考える講座だが、今回の講座のテーマは「知ってびっくり！岐阜のおもしろ地名ってナンヤローネ?」。その下調べの段階で「日置江」という地名の存在を知った。「ひきえ」と読む。岐阜県の難読地名の一つに数えられているが、この地名が昔岐阜を襲った水害を思い起こさせてくれた。

「日置江」

岐阜市は一九九八（平成一〇）年に策定した住宅マスタープランの設定によれば、「中央部」「北東部」「北西部」「南東部」「南西部」の五つの地域区分から成っている。「日置江」は「南西部」で二〇〇六（平成一八）年に柳津町《やないづちょう》が岐阜市に編入されるまでは岐阜市でも最南端に位置していた。西側には長良川が流れ、古来長良川の氾濫による水害に悩まされてきた地域である。

地名の由来は「低い江」だと言われているが、「引き江」ではなかったかと私は考えている。溢《あふ》れた水を引き込む土地ではなかったかいうことだ。

日置江地区は江戸時代末期には厚見郡《あつみぐん》に所属し、加納《かのう》藩領であった。一八八九（明治二二）年の市制・町村制によって日置江村が成立し、さらに一八九七（明治三〇）年、日置江村・茶屋新田《ちゃやしんでん》・次木《なめき》村・高河原《たかがわら》村が合併して新生日置江村が誕生した。そして、一九五八（昭和三三）年、岐阜市に編入されて今日に至っている。

長良川は四万十《しまんと》川（高知県）・柿田《かきた》川（静岡県）と並んで「日本三大清流」の一つに数えられている。「長良川旅情」に謡《うた》われた鵜飼《うかい》で知られる長良川——個人的には長良川鉄道に揺られながら郡上《ぐじょう》に取材に行った時の長良川のせせらぎの美しさが忘れられない。

岐阜市の八〇パーセントが浸水した！

だがこんな長良川でも、洪水となると恐ろしい形相を見せることになる。長良川流域の洪水と言えば、一九七六（昭和五一）年九月一二日に長良川の堤防の決壊によって安八町《あんぱちちょう》と旧墨俣町《すのまたちょう》（現大垣《おおがき》市）全域が浸水した、いわゆる「安八水害」が有名だが、岐阜市に限ってみると、それ以前に市域の八〇パーセントが浸水するという、とんでもない災害を引き起こしている。

1961年6月の集中豪雨による洪水被害。床上浸水4374戸、床下浸水1万9721戸は1959年の伊勢湾台風の3倍を超える被害に。毎日新聞社提供

中京一帯は一九五九（昭和三四）年九月の伊勢湾台風で甚大な被害を受けたのを皮切りに、翌年、翌々年と三年続けて大洪水の被害を受けている。中でも六一（昭和三六）年の洪水は岐阜市域の八〇パーセントが浸水したというのだから大惨事と言ってよい。

一九六一年六月、梅雨前線による豪雨が岐阜市を襲った。六月二四日から二七日まで豪雨は続き、六月中の実測降雨量は七八九ミリに達し、これは平年値の降雨量（二五四・四ミリ）の三倍以上に及ぶもので、それだけで災害の凄さを予測させる。

この豪雨によって岐阜市の芥見《あくたみ》・加野《かの》地区では三年連続で堤防の決壊による被害を

「岐阜のおもしろ地名ってナンヤローネ?」講座で、講義する著者(手前)。著者提供

受けた。また岐阜市のシンボル的存在である長良橋付近でも濁水が越流し、周辺は濁流に呑《の》み込まれたという。

長良川に注ぎ込む鳥羽《とば》川・伊自良《いじら》川・板屋《いたや》川なども逆流し（いわゆるバックウォーター現象）、濁流は市の南部を中心に覆い尽くした。それは岐阜市の市域の八〇パーセントに及ぶというのだから驚く。特に岐阜市南部の論田《ろんでん》川・荒田《あらた》川・境《さかい》川下流部、岐阜市西隣の天王《てんのう》川下流域では浸水期間が一週間以上に及んだという。

日置江は言うまでもなく、三里《みさと》・鶉《うずら》などの他に交人《ましと》・折立《おりたて》・黒野《くろの》地区に至るまで被害は広がった。

地球の上に生きている！

オープンカレッジの会場となった岐阜大学のキャンパスから、四年ぶりに雲一つない秋晴れの大空を仰ぐことができた。これまで病室と自宅の天井しか見てこなかった私がまず思ったのは、「自分は地球の上に生きている！」ということだった。それは広がる青空からの密《ひそ》かなプレゼントのように思えた。

この地球上に人類は文明を築いてきたが、それには水が不可欠だった。水は人類に豊かな恵みを与えてきたが、他方では築いてきた文明を一瞬にして呑《の》み込む一面も有している。そんな矛盾の上に私たちは生きているのだな――長良川の清流を見ながらそう思った。

四　「輪之内」に託されたメッセージ

輪之内町

岐阜県大垣市《おおがきし》の南に「輪之内町《わのうちちょう》」（安八郡《あんぱち》）という町がある。一九五四（昭和二九）年それまであった福束村《ふくつか》と仁木村《にき》と大藪村《おおやぶ》が合併してできた町だが、それにしても輪之内町とはよくぞつけたものだと、地名研究者としては大いに歓迎したい。この町名には古来、この地に生きてきた人々の治水の知恵が投影されているからである。

輪之内町は木曽三川《きそさんせん》として知られる長良川《ながら》と揖斐川《いび》に挟まれた、いわば「川中島」であった。川の堤防が確定していなかった近世までは大雨が降るたびに川の氾濫被害を受ける洪水常襲地域であった。木曽三川《きそさんせん》が流れ込む濃尾平野《のうび》一帯にはこのような集落が集中していた。この地帯では暴れ川を制することができないならばということで、自衛のために集落の周りを堤防で囲い、水の侵入を防ごうとした。こうして造られた堤防を「輪中堤《わじゅうてい》」と呼び、この堤防で囲まれた集落を一般に「輪中集落」という。輪之内という町名はこの「輪中」からとったものである。

福束輪中堤が町を救った！

輪之内町は度重なる水害に見舞われながらも、昔築かれた輪中堤によって被害を最小限に食い止めてきた。一九七六（昭和五二）年九月八日から台風一七号の影響で降り続いた雨で岐阜県一帯の河川は増水し、ついに輪之内町の北に接する安八町《あんぱちちょう》の長良川の堤防が決壊し、安八町と墨俣町《すのまたちょう》の全域が浸水した。これが「安八水害」と呼ばれる災害である。安八町では床上浸水一七四四戸、床下浸水三六六戸、墨俣町では床上浸水一一九〇戸、床下浸水一五二戸の被害を出している。

安八町の南に接する輪之内町は安八町を挟む長良川と揖斐川の下流に位置するため、安八町に流れ込んだ濁流は輪之内町になだれ込んでも不思議ではなかった。いやそれが当然の成り行きであった。ところが輪之内町は安八町との境に築かれていた福束《ふくづか》輪中堤の十連坊《じゅうれんぼう》堤防を閉め切って水害から町を守ったというのである。

近世には一〇〇に及ぶ輪中があったとされる木曽三川《きそさんせん》流域でも治水工事が進み、輪中堤が無用の長物視され、取り壊しが進む中での出来事だった。

かつての輪中地帯に見られた水屋。高い石垣の上に建てられた。1974年10月撮影。毎日新聞社提供

輪中に生きる

輪中地帯は低湿地帯で古来河川の洪水との闘いを余儀なくされてきた。一見すると人が住むには不向きのように考えがちだが、土地の歴史を顧みるとそうではないことがよくわかる。これらの土地に多くの人々が住むようになり村を形成するようになるのは、江戸時代に入って幕府が新田開発を推奨するようになってからである。その最大の目的は豊かな米を生産することであった。輪之内町では現在「徳川将軍家御膳米」というブランド米を生産しているが、これは幕府の直轄地として徳川将軍家に納入していたことにちなむものである。それは村人にとって誇りであったし、それ故今日でも

同町の名産となっている。

輪之内町には新田開発の名残として「大吉《おおよし》新田」「楡俣《にれまた》新田」「福束新田」「海松《みる》新田」「藻池《もいけ》新田」など多くの新田地名が残されている。

輪中堤が必要でなくなってきた背景には交通運輸機関の変遷があった。明治の中頃から末にかけて全国に鉄道が張り巡らされるまでは、我が国の交通運輸機関はもっぱら舟運《しゅううん》に頼っていた。車が交通運輸の主役を担うようになったのは戦後も高度経済成長期以降の話である。鉄道主流のわずかな時代を除けば、それまで何千年もの間日本人の生活を支えてきたのは舟運であり、その主な舞台は川であった。

川は時に暴れて氾濫することもあるが、一方では氾濫によって肥沃な土壌をもたらしてきたという側面もある。輪中でとれた米を運ぶには川に囲まれた輪中地帯は最適であった。

我が国初！「浸水被害軽減地区」の指定

輪之内町は二〇一八（平成三〇）年三月、先に述べた一九七六（昭和五一）年九月の安八水害による長良川決壊の際、浸水の拡大を軽減したとして福束輪中堤を「浸水被害軽減地区」に指定した。この指定は二〇一七（平成二九）年六月の水防法の改正によるもので、我が国最初の指定となった。

　このような指定の背景には、祖先が築いた輪中堤への深い理解と感謝の念が感じられる。さすがに町名を「輪之内町」と命名した自治体である。輪中は人と川との葛藤と共生を今に伝える歴史的遺産である。「輪中」の歴史を「輪之内」として後世に伝えようという輪之内町にエールを送りたい。

五　「竜」のように暴れる川から「幸福」へ

九頭竜川の「竜」の意味

九頭竜川《くずりゅう》は福井県嶺北《れいほく》地方を流れる一級河川で、昔から暴れ川として知られている。流域面積は何と福井県全域の七〇パーセントに及び、福井県民には馴染《なじ》みの深い川といえる。

「九頭竜」の語源には諸説ある。代表的なものは『越前国名蹟考《えちぜんのくにめいせきこう》』によるもので、それによれば、その昔白山権現《はくさんごんげん》の尊像を川に浮かべたところ、一身九頭の竜が現れたことによるという。また国土を守るために国の四隅、すなわち東は常陸《ひたち》の鹿島《かしま》、西は安芸《あき》の厳島《いつくしま》、南は紀伊《きい》の熊野《くまの》、北は越前の崩山《くずれやま》に四神を置いたが、この崩山の祭神の黒竜王に由来するという説もある。さらに、単純に「崩川」によるものだという考えもある。

私は「竜」の意味にこだわってみたいと思う。かねてより、「竜」というのは「暴れ川」を意味しているのではないかという仮説めいたものを持っていた。「九頭竜」という言葉には多分に宗教的な趣を感じるが、一方で洪水を起こしながら暴れまくる川を想起させる。

「竜」のつく河川としては、長野県の諏訪《すわ》湖を源流とし静岡県に注ぐ「天竜川《てんりゅう》」があるが、こちらも諏訪信仰との関連で説かれることが多い。「天」という文字を使ったのは、諏訪湖を神の住まう「天」と想定してのことであろう。その天である諏訪湖を源流にして、あたかも竜が天に昇るがごとく激流が逆巻いたのであろう。

明治時代の洪水と北海道移住

古来、九頭竜川は暴れ川として流域の住民に多くの被害を与えてきた。とりわけ一八九五（明治二八）年と翌年の洪水による被害は甚大なものがあった。九五年の洪水は前線によるものだったが、浸水面積約二三四七ヘクタールと福井市のほとんどの地域が浸水し、家屋の損壊・流失一二五〇戸、耕地流失約九一ヘクタール、被害区域は、南条《なんじょう》、今立《いまだて》、丹生《にゅう》、足羽《あすわ》、吉田《よしだ》、坂井《さかい》、大野《おおの》の七郡五六三村に及んだという記録が残っている。

この水害の復旧の目途《めど》も立たないまま、福井県大野《おおの》郡の村人一〇〇人余りは九七年二月、北海道に移住することになった。船で日本海を渡り、北海道の大地に足を踏み入れ、未開拓の地十勝《とかち》に着いたのは三月一六日のことだった。

明治新政府になってからの急務の一つは、全国に二〇〇万とも言われた旧士族とその家族に生活基盤を与えることであった。東北や北陸からの移住者が多かったが、ほぼ全国から士族を中心に北海道に移住し、開拓に従事した。加えて北陸などからは河川の洪水によって土地を奪われた人々が多数北海道に渡った。九頭竜川の氾濫によって福井県大野郡の人々が移住したというのは、その代表的事例である。

幸福駅

彼らが移住したこの地は現在の帯広市《おびひろ》幸福町《こうふくちょう》のあたりである。「幸福町」は一九六三（昭和三八）年の帯広市大正町《たいしょうちょう》再編により生まれた九つの町の一つだが、この地名には興味深いエピソードがある。七四年のことだが、「愛の国から幸福へ」のキャッチフレーズのもとに多くの若者たちが、北海道の「幸福駅」に殺到したことがある。帯広駅から出ていた広尾線の愛国《あいこく》駅と幸福駅を結ぶわずか六〇円の切符が、翌年の八月までに八〇〇万枚売れたというのだから尋常ではない。

広尾線は一九二九（昭和四）年に開業し、「幸福」という名の駅ができたのは五六年のことだが、その前の開業当時は幸福駅の隣に「幸震《こうしん》」という名の駅が存在した。幸震駅は後に（一九四四年）大正駅と改称されるが、注目すべきは「幸震」の由来である。この地は一九〇二（明治三五）年「幸震村《さつない》」として成立した所だが、駅名はこの幸震に由来する。

広尾線の廃線（1987年）に伴って廃駅になったものの、今も幸福を求める若者たちの人気を集める。毎日新聞社提供

アイヌ語で「サツ」は「乾いた」を意味する。「ナイ」というのは「川」のことである。すると、「幸震」とは「乾いた川」という意味になる。実際この地には「札内《さつない》川」という川が流れている。

「幸福駅」の「幸」はアイヌ語に由来するのだが、問題は「福」である。この「福」は九頭竜川の氾濫によって故郷を追われてこの地に移住した人々の思いを後世に伝えるために、「福井県」から「福」の字をとった。

現代においても河川の洪水によって故郷を追われる人々がいる。その人々の先に、「幸福」が訪れるように切に願いたい。

第三章　大阪・関西地方を襲った水害と地名

一　大都市大阪の「梅田」沈没！

「梅田」水没！

集中豪雨による都会の浸水も軽視できない。二〇一三（平成二五）年八月二五日午前一一時頃、大阪の大繁華街「梅田」を集中豪雨が襲った。わずか一〇分間で二七・五ミリという大阪市観測史上最多の雨量だったという。一時間に換算すると一六五ミリになる。一般には総雨量が二五〇〜三〇〇ミリを超えると河川の氾濫等の被害を受けると言われているので、これはとてつもない雨量ということになる。紀伊國屋書店前の道路は川と化したという。

幸い梅田の地下街には流れ込まなかったようだが、大都市ではしばしばこの種の災害が起こる。なぜこの事例に注目したかというと、私自身東京で同じような災害に遭っているからである。

数年前の一〇月頃のことだった。東急電鉄自由が丘駅近くの馴染《なじ》みの寿司屋で知人らと会食していたところ、午後七時半頃から雷鳴を伴った猛烈な雨が降り始めた。最初は「東

1953年9月の台風13号で冠水した梅田の阪急百貨店前を走る車。
毎日新聞社提供

京の雨なんか」と高をくっていた。しかもここは都内屈指の高級住宅地だ、そんなに簡単に水にやられるわけがないと。

ところが、三〇分もしないうちに道路は三〇センチ、四〇センチと水かさが増してまるで湖と化していった。しばらくすると、深さ一メートルを超え、私が外を見ようとドアに近づいた途端「バーン!」という大音響とともにドアをぶち破って大量の水が流れ込み、店内は一瞬にして湖と化した。その一瞬は確かに生命の危機を感じた。私たちは申し訳ないと思いながらも、寿司を食べるカウンターに腰を掛けて救助を待った。

「梅田」は「埋め田」から

「梅田」の由来については再三、拙著等で書いてきたが、もともとこの一帯は淀《よど》川沿いの沼沢地《しょうたくち》であった。梅田が「埋め田」に由来することはよく知られている。この地が歴史上注目されるようになったのは、一八七四（明治七）年に「大阪駅」が開設されたことである。当時の大阪の中心地は堂島《どうじま》あたりだったが、新設の大阪駅はそこから少し離れた田んぼの中に建設された。市街地から離れた低湿地に駅を設置したのにはそれなりの理由がある。

それは、蒸気機関車から排出される煙に交じっている火の粉が飛んで、火事になることを恐れたためである。今では考えられない話であるが、当時はわら葺《ぶ》きや茅《かや》葺きの家も多くあったと推測され、それなりに説得力ある話ではある。現に、全国のＪＲ駅は歴史が古い駅であるほど、もともと低湿地だったところに建設されている。

ところで、この大阪駅にちなむ歴史をご存じだろうか。大阪の中心にある駅で「大阪」を名乗るのはＪＲの大阪駅のみで、他の私鉄や地下鉄はすべて「梅田」を名乗っている。もともと大阪駅は国が一方的に決めたもので、それに対抗して大阪の人々は大阪駅とは言わず「梅田ステンショ」と呼んだ。それが梅田駅の発祥である。このいきさつについては拙著『日本列島 地名の謎を解く』（東京書籍、二〇二一年）で述べているのでご覧いただきたい。

「浪速の渡し」

大阪を襲った洪水としては一八八五（明治一八）年六〜七月に集中豪雨によって淀川および支流の堤防が各地で決壊し、大阪市域の二〇パーセントが浸水するということがあった。当然、大阪の最大低湿地帯である「梅田ステンショ」一帯は濁流に呑《の》み込まれた。当時の様子を伝えるものには、「梅田では水深四尺に達した」とある。一・二メートルである。

古代においてはこの大阪市の北部一帯は海であり、河内《かわち》一帯に広がる内湾に通じる通路であった。『古事記』には「かれ、その国より上《のぼ》り行《いでま》しし時に、浪速《なみはや》の渡《わたり》を経《へ》て、青雲《あをくも》の白肩《しらかた》の津に泊《は》てましき」（『古事記　新潮日本古典集成〈新装版〉』西宮一民校注、新潮社）とある。

現代語に訳せば次のようになる。

「さて、その国（播磨国《はりまのくに》）からさらに上って行った時、浪速《なみはや》の渡しを通って、青雲の白肩という湊《みなと》でお泊りになった」

ここに記されている「浪速」こそ後の「浪花」「浪華」「難波」の語源である。つまり、

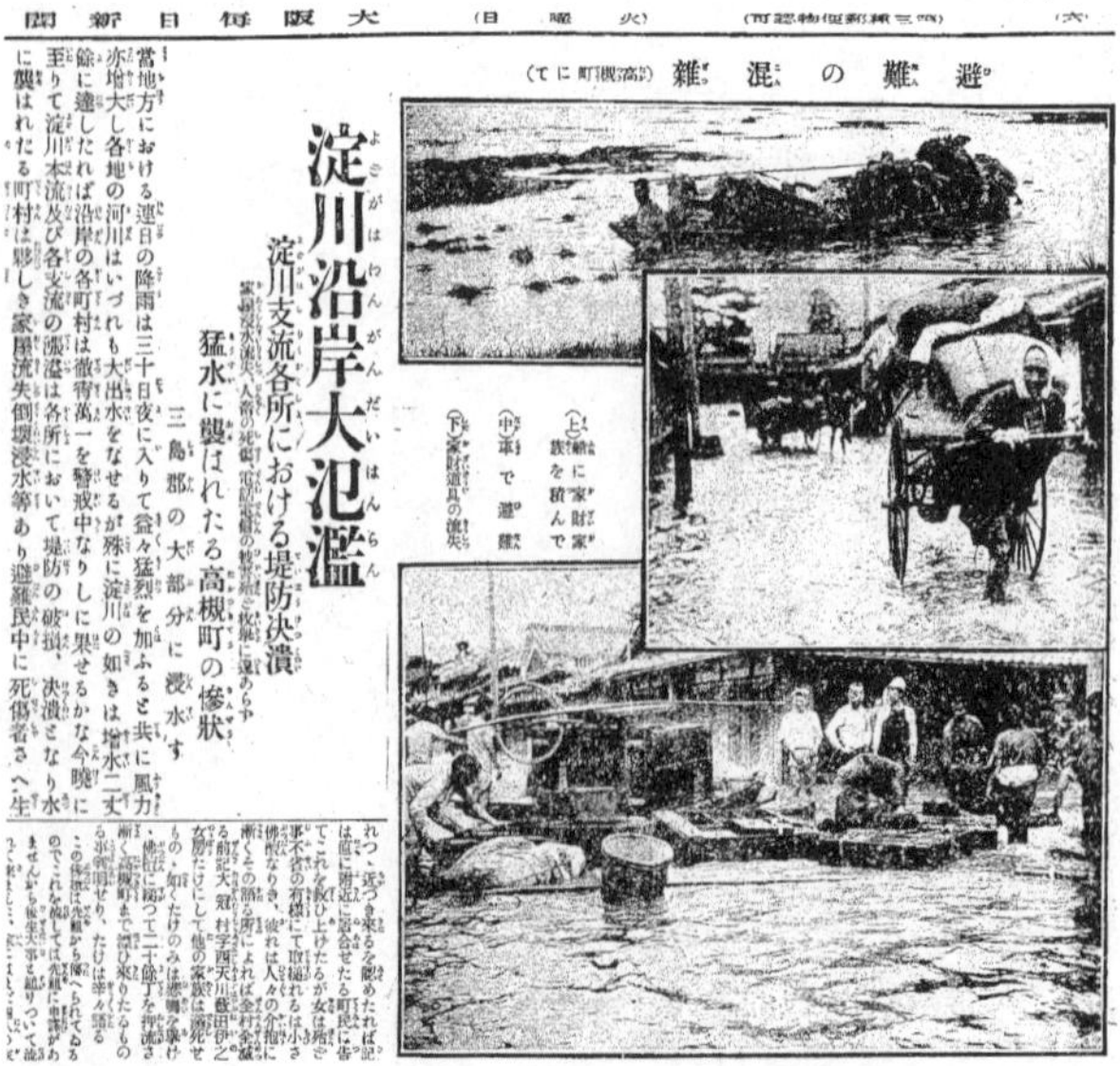

（六）　（第三種郵便物認可）　火曜日　大阪毎日新聞

淀川沿岸大氾濫《よどがはえんがんだいはんらん》

淀川支流各所における堤防決潰

猛水に襲はれたる高槻町の惨状

三島郡の大部分に浸水す

當地方における連日の降雨は三十日夜に入りて益々猛烈を加ふると共に風力亦增大し各地の河川はいづれも大出水をなせるが殊に淀川の如きは增水二丈餘に達したれば沿岸の各町村は徹宵萬一を警戒中なりしに果せるかな今曉に至りて淀川本流及び各支流の氾濫は各所において堤防の破損、決潰となり水に襲はれたる町村は夥しき家屋流失倒壊浸水等あり避難民中に死傷者さへ生

れつゝ近づき來るを認めたれば記者は直に附近に居合せたる町民に告げてこれを救ひ上げたるが女は殆ど人事不省の有様にて取縋れるは小さき佛壇なりき、彼れは人々の介抱に漸くその語る所によれば全村全滅せる前記大冠村字西天川戯田伊之助の女房たけにして他の家族は溺死せしもの・如くたけのみは悲鳴を挙げつゝ佛壇に縋つて二十餘丁を押流され漸く高槻町まで漂ひ來りたるものなる事判明せり、たけは辛々語る「この佛壇は先祖から傳へられてゐるのでこれを流しては先祖に申譯がありませんから後生大事と縋りついて流

避難の混雑（高槻町にて）

（上）舟に家財家族を積んで　（中）車で避難　（下）家財道具の流失

1885年にあった淀川の大洪水を伝える当時の大阪毎日新聞（現在の毎日新聞）。「淀川本流、支流各所で堤防破損、決壊し死傷者多数」と伝えている。毎日新聞社提供

大阪という都市は現在の大阪城のある台地と豊中《とよなか》市の台地の間は海峡になっていて、梅田はもともと海峡の下にあったのである。

シミュレーション

梅田地区エリアマネジメント実践連絡会による「梅田防災スクラム」には、次のようなシミュレーションが紹介されている。

「南海トラフ巨大地震で津波が発生したとき、台風・大雨で淀川が氾濫したとき、一体何分後に梅田の地下街に水が襲ってくるか考えたことがありますか？　津波は南海トラフ地震発生後、最短一時間五〇分で第一波が大阪市に到達。そして淀川が氾濫すれば、三〇分後に梅田の街が五m浸水する危険性があるのです」

大阪は南海トラフ地震にも目配りしなければならないので大変だ。

二　関西きっての洪水常襲地帯だった「ハナテン」

大阪はかつて「小坂」と呼ばれていた！

「江戸の八百八町《はっぴゃくや》」に対して、大阪では「浪華《なにわ》の八百八橋」と言われる。それほど大阪には橋が多いということだが、それはとりもなおさず大阪が古来、日本を代表する商業都市であったことを意味する。大阪は全国から多くの物資が集まる巨大なマーケットであり、それらの物資は船で運ばれ、取引された。そのために、海に直結する川や運河や堀が張り巡らされたのである。

大阪はもともと「小坂《おさか》」と呼ばれていた。「大きな坂」ではなく「小さな坂」しかない土地だったのである。「小坂」では何だから「大坂」に変えたが、「坂」は「土に返る」、つまり「死」をイメージさせるということで、江戸時代後半から「大阪」という文字が使われるようになったという歴史的経緯がある。

その「小坂」がどこの坂を指していたかというと、今の大阪城から天王寺《てんのうじ》にかけての台地につながる坂であった。古代においては、今の天王寺から大阪城につながる台地が海に突き出しており、その先端は「浪速《なみはや》の渡し」と呼ばれる海上交通の要地だった。この「浪速」は「難波」「浪華」とも書かれ、大阪を象徴する地名となっていった。言い換えれば大阪は商業都市であったとともに、水難の都市でもあったのである。

この浪速の渡しから東一帯のエリアは生駒山《いこまやま》に至るまで、古代においては内海で、多くの河川が流入していたことから「河内国《かわちのくに》」と呼ばれてきた。

難読地名「放出」の意味は……

古来、内海だった河内一帯は江戸時代に新田開発され、一面広大な水田地帯と化した。明治時代の古地図を見ると、大阪城の北に東から寝屋川《ねや》が流れ込み、その周辺に「網島《あみじま》」「東野田《ひがしのだ》」「川越《かわごし》」「鴫野《しぎの》」など低湿地帯特有の地名が点在しているが、その極めつけが「放出《はなてん》」である。北は寝屋川から南は長瀬川に連なる集落で、周囲はすべて水田で囲まれていた。

「放出」は全国的に見ても難読地名の一つだが、関西人には馴染《なじ》みのある地名である。それは一九七五（昭和五〇）年に「ハナテン中古車センター」なるテレビのCMが流されたことがきっかけになっている。

この由来については、俗説としか言いようもないものもある。例えば、「天叢雲剣《あめのむらくものつるぎ》」を盗んで新羅《しらぎ》に逃走しようとした僧道行《どうぎょう》がここに漂着して剣を放り出したという説や、古来この地に牧場が置かれ牛馬を放し飼いにしていたことに由来するなどという説もあるが、いずれも根拠に乏しい。

今日定説となっているのは、沼沢地《しょうたくち》から水を「放ち出す」ところからついたという説である。ここには寝屋川《ねや》、長瀬川《ながせ》などいくつもの河川が流入して大きな沼沢をつくっていた。そこに集まる水を放ち出さないと危険なため、その出口としてこの「放出」が活用されたと見ていいだろう。

問題は「出」をなぜ「てん」と読むようになったかである。「出」は「で」と読み、「日の出」「人出」のように、ある地点を指している。「放出」は「水を放ち出す地点」といった意味から、「地点」の「点」が残ったと考えることができる。

たびたび洪水に見舞われた放出の今昔

大阪府の淀川《よど》以東のエリアは旧河内国に当たり、河川の洪水には特に弱い地域であった。この地を襲った歴史的な洪水が一八八五（明治一八）年の「淀川洪水」と呼ばれるもので、一八〇二（享和二）年の淀川洪水に対して「明治大洪水」とも言われる。

明治大洪水では、六月の洪水は淀川が決壊したものの寝屋川は決壊せず、放出を含む寝屋川以南は辛うじて守られたが、翌七月の洪水では寝屋川が決壊し、大阪市の東部エリアはかつての内湾の様相を示すに至った。

この二度の洪水により、大阪市の大半の区と守口《もりぐち》市、門真《かどま》市、寝屋川市、枚方《ひらかた》市、摂津《せっつ》市、茨木《いばらき》市、高槻《たかつき》市、東大阪市、大東《だいとう》市、四條畷《しじょうなわて》市などが最大で四メートルの浸水被害を受けたという。被災世帯は当時の大阪府の世帯数の二〇パーセントに当たる七万二五〇九戸、家屋流失一七四九戸、死者・行方不明者八一名、被災者三〇万四一九九名という甚大な被害であった。

放出はとにかく低地である。満潮の時は市街地よりも川床がかなり高くなるようで、まるで、町は堤防によって保護されているようだ。ＪＲ放出駅近くから大阪城を望むことができるが、城周辺の高台だけが高く聳《そび》えている。

放出に最初に取材に行った時、放出駅の近くに小高い丘のようなものが見えた。これは江戸時代に罪人をとらえて監禁した所だと聞いた。その丘の周辺はすべて水で囲まれていたために逃げることができなかったのだという。

大阪城があんなに高く見える！　放出にて。著者撮影

地元の古老によると、戦後でも一九七二（昭和四七）年と七六（昭和五一）年の二度にわたって寝屋川の氾濫によって床上浸水の被害を受けたという。

全国の諸都市を地名ハンターとして巡ってきたが、大阪の魅力は抜群のものがあった。奈良・京都よりも古い歴史を持ちながら、それを誇示せず庶民文化を築き上げてきたのが大阪。そこが好きだった。今にして思えば、大阪文化は水との共生の上に成り立ってきたものだった。そのことを忘れまい。

三　芥川龍之介と大阪・高槻の「芥川」洪水

「芥川」なんて川があったのか？

例えば本書でいきなり「芥川《あくたがわ》」という文字を目にすると、多くの読者は面食らうに違いない。芥川というと日本人なら誰でも知っている、かの天才作家「芥川龍之介《りゅうのすけ》」を想起し、「芥川」などという川がこの世に実在することを知らないからである。芥川龍之介の「芥川」は同名の河川名に由来すると聞いただけで、「へぇー!?」と思うに違いない。

芥川龍之介の作品はそのいくつかを国語の教科書で学んでいるし、長男の芥川比呂志《ひろし》は俳優・演出家として、三男の芥川也寸志《やすし》は作曲家として知られ、名門の名前をほしいままにしてきた。ところが、この名門の「芥川家」がなぜか水害に関連しているという。その謎を解いてみよう。

大阪府高槻市を流れる芥川

「芥川」もよく災害地名として取り上げられる地名である。「芥」とは「ごみ。くず。『塵《ちり》

――』」(『岩波国語辞典』)を意味するので「芥川」は文字通り「ごみやくずのたまる川」という意味になる。ごみやくずは水に流されて川の底流地にたまるので、水害のリスクが高いという理屈である。後で述べるように芥川で洪水が起きているのは事実だが、洪水を引き起こすのは地形のみではなく、降水量が決定的な要因であることを忘れてはならない。どんな河川でも一定の許容量を超えた降水量があれば氾濫する。それが自然の摂理である。

全国で次の「芥川」が確認されている。

・三重県鈴鹿《すずか》市を流れる鈴鹿川水系の一級河川
・主に大阪府高槻《たかつき》市を流れる淀《よど》川水系の一級河川
・愛媛県宇和島《うわじま》市を流れる四万十《しまんと》川水系告森《こつもり》川支流の一級河川

このうち全国的に最も知られているのは高槻市の芥川である。高槻市には「芥川町《ちょう》」という町名もあり、狭義の西国街道(京都から山崎を経て西宮《にしのみや》で中国街道と交わるまでの約六四キロの脇街道)六宿の一つ「芥川宿」として栄えたことでも知られる。

芥川は大阪府と京都府の府境界にある摂丹《せったん》山地を源流として、高槻市を南流して淀《よど》川に

1953年9月の芥川(手前)の氾濫。右が上流と思われる。毎日新聞社提供

注ぐ全長約二五キロという比較的小さな河川である。上流は桜の名所、ハイキングコースとして知られる摂津峡《せっつきょう》。高槻市を北から南に流れ女瀬川《にょぜがわ》と合流してからは天井川となって淀川に注いでいる。

人柱になった上等兵

芥川はこれまで一九三五（昭和一〇）年、一九五三（昭和二八）年、一九六七（昭和四二）年の三回にわたって決壊している。一九三五（昭和一〇）年六月二八日から二九日にかけての豪雨は記録的なもので、一時間当たりの降水量は一〇〇ミリに達したという。二九日未明二時頃、阿久刀《あくと》神社の脇を流れる芥川は氾濫寸前となり、消防団の対応では間に合わず、陸軍工兵第四隊に出動を要請。しかし、この作業中、上等兵の北野小一郎さんが濁流に呑《の》み込まれて殉職。その直後、上流の堤防が決壊したことにより神社一帯は洪水の難を逃れ、人々は北野上等兵が人柱になってくれたお陰と涙ながらに語り伝えたという。時の高槻町長の磯村弥右衛門《いそむらやえもん》が慰霊顕彰碑を建て、今でも真上《まかみ》門前橋近くの桜堤に残されている。

また一九五三(昭和二八)年には九月の台風一三号によって芥川右岸が女瀬川との合流地点で堤防が決壊し、さらに淀川の濁流が芥川を逆流して、富田《とんだ》町、三箇牧《さんがまき》村(ともに現高槻市)、味生《あじふ》村(現在の摂津市別府《べふ》、一津屋《ひとつや》一帯)の約一七〇〇ヘクタールが浸水したという。

「水勢の趨く所を順にするのみ」

高槻市にはもう一つ忘れてはならない淀川洪水にまつわる碑がある。高槻市の南部は淀川に沿った低地で、古くから淀川の洪水に悩まされてきた地域である。高槻市唐崎《からさき》と三島《みしま》江《え》の堤防上に淀川洪水にまつわる碑が二つ並んで立っている。一つは一八六八(慶応四)年の淀川決壊に際して築堤完了の記念碑、もう一つは一八八五(明治一八)年の淀川決壊に際して修堤工事完了の記念碑である。

その「修堤碑」には漢学者の土屋《つちや》鳳洲《ほうしゅう》（一八四二～一九二六）による次のような碑文が刻まれている。

治水にもと奇策なし。地勢を相《み》、堤防を謹しみ、水勢の趨《おもむ》く所を順にするのみ。

実に見事な碑文である。「治水にはもともと特別な策などない。地勢を見、堤防を大切にし、水勢の赴く順に対応するしかない」。現代にも通じる教訓を伝えている。

「芥川氏」のルーツは高槻にあり

最後に芥川龍之介（一八九二～一九二七）との関連について述べておく。龍之介は一八九二（明治二五）年東京市京橋区《きょうばし》入船町《いりふねちょう》八丁目（現中央区明石町《あかしちょう》）に、牛乳製造販売業を営む新原敏三《にいはらとしぞう》とフクの長男として生まれた。生後七か月で母フクが病のためフクの長兄の芥川道章《みちあき》に引き取られ、一三歳の時、芥川家の養子となった。

芥川家は士族であり、江戸時代は代々江戸城の奥坊主を務めた由緒ある名家であり、芸術や演劇を愛好する家系であった。

さてこの「芥川氏」のルーツは高槻市の芥川一帯だと言われている。姓氏研究家の森岡《もりおか》浩《ひろし》氏によれば「芥川氏は高槻市の地名がルーツで桓武平氏《かんむへいし》の一族。芥河とも書いた。鎌倉時代から幕府の御家人として活躍し、室町時代には摂津を代表する国人《こくじん》だった。現在も府内一帯に広がっている」（『47都道府県・名字百科』丸善出版、二〇一九）という。

高槻市の芥川の「芥」の由来は「阿久刀《あくと》神社」の「阿久刀」だとされている。阿久刀神社は平安期に編纂された『延喜式《えんぎしき》』に、いわゆる式内社として記されている古社で、それを考えると高槻市の芥川は単なる「ごみやくずのたまる川」ではなかったと考えられる。

地名にはそれぞれ多様な歴史があり、従って一方的に災害地名のレッテルを貼るのは正しいとは言えない。

四　超難読「一口」に苦難の歴史

干拓された巨椋池

今から七〇～八〇年ほど前まで、京都府の南に「巨椋池《おぐら》」という巨大な池があった。池とは言っても、東西四キロ、南北三キロ、周囲一六キロ、面積は約八〇〇ヘクタールというから立派な「湖」であった。中国古来の「四神相応《しじんそうおう》」の思想によれば、左（東）に流水（青龍《せいりょう》）、右（西）に大道（白虎《びゃっこ》）、前（南）に窪地《くぼち》（朱雀《すざく》）、後ろ（北）に丘陵（玄武《げんぶ》）がある地勢が都を定める理想であるとされ、まさに平安京はその条件を満たしているところから都として定められた。

巨椋池は平安京の南に位置する「朱雀」に相当する湖水だったが、この池は京都からの桂川《かつら》、琵琶湖から唯一流れ来る宇治川《うじ》、そして奈良県境からの木津川《きづ》が流れ込む水害常襲地でもあった。この三川のうち最も重要な川は宇治川で、滋賀県内では「瀬田川《せた》」と呼ばれ、京都府では「宇治川」、さらに大阪府に入ると「淀川《よど》」と呼ばれている。

豊臣秀吉《とよとみひでよし》はこの宇治川に注目し、伏見城《ふしみ》を築いた際、宇治川に堤を設けて外濠代わりに

桂川（左）、宇治川（中央）、木津川（右）の合流付近。かつて、巨椋池という巨大な池があった。毎日新聞社提供

した。この宇治川の整備によって、秀吉は大坂城と伏見城を水運で結ぶことに成功し、さらに大坂を水害から守るための遊水池として巨椋池を利用した。

遊水池である以上、ちょっとした雨でも水害は避けられない。明治に入ってからも水害を繰り返してきたために、政府は我が国最初の国営干拓地に指定して、一九三三（昭和八）年から四一（昭和一六）年にかけて巨椋池の水を排して一大水田地帯を実現した。例えて言えば、巨大な湖水から水を抜いて、大きな洗面器のような空間をつくり、そこに水田を造成したのである。

巨椋池の「再現」

ところが、自然災害は容赦なくこの地に襲いかかった。一九五三（昭和二八）年九月二五日、台風一三号によって近畿・東海地方は大きな被害を受けた。豪雨のため淀川が満水となり、木津川、桂川が宇治川へ逆流し、午後九時半、宇治川の左岸が決壊し、御牧《みまき》、佐山《やま》両村は水没した。御牧村と佐山村は翌五四年に合併し、久御山町《くみやまちょう》となるので、現在の町全体が浸水したことになる。

両村の浸水の深さは翌二六日の午前一一時に記録されており、御牧村の低地では五メートル以上に及んだという。いわば空になった洗面器に水がたまった状態になり、水が引くまでには一カ月近くかかった。一度なくなった巨椋池が「再現」されたという皮肉な現象に見舞われることになった。

その久御山町に「一口《いもあらい》」という超難解な地名がある。現在でも「東一口」地区と「西一口」地区の名が残されているが、中でも東一口地区は後鳥羽《ごとば》上皇の時代（一一九八〜一二二一）に特権的な漁業権を下賜され、巨椋池の七割を占有する漁業集落の中核であったという。

東一口地区は、京阪本線淀駅からタクシーで数分の所にある。高さ数メートルの自然堤防の上に古い街並みが一三〇〇メートルも続く。その奥まった一角に巨椋池漁業の取りまとめ役を務めていた大庄屋の旧山田家の住宅がある。

「一口」と書いて、なぜ「いもあらい」と読むのか、その「いもあらい」とはそもそも何を意味するのかについては、昔から多くの論議が交わされてきたが、現在は「いも」は「疱瘡《ほうそう》（天然痘）」を意味し、「あらい」は「祓《はら》い」を意味するというのが通説になっている。

旧山田家の住宅からほど近い住宅街の中に「豊吉《ほうよし》稲荷大明神」という小さな社がある。ここには平安時代の文人・小野篁《おののたかむら》にまつわる伝承が残されている。

小野篁が隠岐《おき》に流罪になって船を出したところ嵐に遭った。その時、「君は類いまれな人物だから、必ず帰ってくるであろう。しかし、疱瘡を病めば一命が危ない。我が像を祀《まつ》っていれば難を避けられよう」というお告げがあったのだという。帰ってきた

「一口」由来伝承が伝わる豊吉稲荷神社。著者撮影

篁はこの像を祀ってこの地に稲荷明神を置いたという言い伝えがある。

水害常襲地である一口地区が疱瘡とどのような関係にあったかは不明だが、「疱瘡」という言葉はすでに平安時代に存在していたことが確認されており、この病気が水害によって感染拡大すると考えられていた可能性は高い。

「いもあらい」は一般には「芋洗」と書かれ、集落への入り口に差し掛かる境界点に位置する坂道などにつけられることが多いが、ここでは「一口」と書かれている。様々な解釈が可能だが、私は桂川、宇治川、木津川の三川がこの「一口」に集中していることに由来すると解している。それ以外に考えようがない。

東京にもある「一口」

ところが、この一口、東京にも存在する。JR御茶ノ水《おちゃのみず》駅の聖橋《ひじりばし》口を出て秋葉原《あきはばら》方面へ下りる坂を「淡路《あわじ》坂」と呼んでいるが、この淡路坂が、かつては「一口坂」と呼ばれていた坂である。その坂の上に大きな椋《むく》の木が立っているが、その幹に「太田姫《おおたひめ》神社元宮」という木札がくくりつけられている。つまり、かつてはこの地に太田姫神社があったという意味である。

江戸を開いた太田道灌《どうかん》の最愛の姫が重い疱瘡にかかった際、道灌は京都の一口稲荷神社のことを聞き、娘の回復を祈願するために江戸に勧請したという。時に一四五七（長禄元）年のことであったという。

この太田姫神社は一九三一（昭和六）年、総武線《そうぶ》の拡充工事のため、小川町《おがわまち》交差点の裏手に遷《うつ》され太田姫稲荷神社として今日に至っている。京都の水害常襲地であった「一口」の歴史を東京の今に伝えるスポットである。

五　「鳴滝」伝説の警告

長崎大水害

一九八二（昭和五七）年七月二三日から二四日未明にかけて、長崎市一帯に歴史的な豪雨が襲った。長崎市の北に位置する西彼杵《にしそのぎ》郡長与《ながよ》町《ちょう》では一時間に一八七ミリを記録し、これは観測史上最高値して知られる。被害は次の多きに上った。

死者・行方不明者　二九九名
破損住居　三万九七五五戸
崖崩れ　四三〇六カ所
地すべり　一五一カ所

中でも同市鳴滝《なるたき》地区では二三日の夜九時五〇分頃、山の急斜面が崩れ、幅約四〇メートル、延長約三〇〇メートルの土石流が発生し、家屋一〇戸が全壊し、死者二三名、行方不明者一名の被害を出している。

この「鳴滝」という地名は要注意である。もともと「滝」は険しい地形の場所を流れ落ちる水を意味しているので、水害に関連した地名であると言ってよい。

京都の「鳴滝」伝説

京都市にも「鳴滝」という地区がある。正確に言えば京都市右京《うきょう》区鳴滝だが、実際は鳴滝泉谷町《いずみだにちょう》・鳴滝泉殿町《いずみでんちょう》・鳴滝宇多野谷《うだのたに》・鳴滝沢《さわ》など十数の町から成っている。仁和《にんな》寺の山寄りの一帯である。

ここにはこんな伝説が残されている。

その昔、この里は長尾《ながお》の里と呼ばれていた。ある日の午後、静かなこの里に異様な音が響いてきた。いつもは静かな山里なのに、なぜか山麓にある滝がゴウゴウと鳴っているのである。「どうしてかわからぬが、何か不吉な予感がしてならん」と老僧が言うのを聞いて、村人たちは村外れの寺に避難した。

すると、その夜のこと。大洪水が村を襲い、田畑はもちろん家も小屋も残らず押し流してしまった。村人たちは、あのゴウゴウと鳴った滝のお陰で助かったことに感謝し、それ以降この村を、「鳴滝の長尾」と呼んだという。

鳴滝ハンター

この伝説の里を訪れたのは、もう十数年以上も前のことである。『京都奈良「駅名」の謎』（祥伝社黄金文庫、二〇〇九年）を書いた時、「鳴滝駅」の存在を知り、どうしてもその鳴滝をこの目で確かめたくて地名ハンターの旅に出たのだった。

京福《けいふく》電鉄の帷子《かたびら》ノ辻《つじ》駅で、北野《きたの》線に乗り換えて三つ目が鳴滝駅である。駅周辺は高級住宅地で、滝らしきものは全く見当たらない。もっと上で訊《き》いてみたらと言われたので、御《お》室《むろ》川（通称・鳴滝川）に沿って小さな渓谷を上っていくと、川とも滝とも言えそうな鳴滝川に沿って家々が並んでいる。川に沿って細長く集落が続いているところから「長尾の里」と呼ばれたのだろう。

それにしても、ここに大雨が降ったら大変な被害を受けるであろうことは容易に想像できた。単なる川の氾濫ではなく鉄砲水・土石流の脅威である。確かな記録としては残されていないにしても、度重なる洪水の被害から先のような伝説が生まれたのだろう。ところが地元の人に訊いても鳴滝がどこにあるか知らないという。タクシーの運転手さんと一緒に探していたところ、偶然出会った古老が知っていて教えてくれた。

伝説の滝は、四メートルほどの落差のある立派な滝だった。

散々探して、ついに発見した伝説の滝！　著者撮影

「予知」と「避難」

伝説はこれまで、とかく単なる作り話と見なされがちだったが、この種の災害にちなむ伝説の大半は後世への警告であると言ってよい。

滝がゴウゴウと鳴ったのは災害の予兆である。現代では気象庁から情報がテレビなどを通して伝えられるが、昔はなかったので「老僧」が登場することになる。肝心な点は、災害を「予知」することの大切さを、「鳴滝」という地名に託していることである。

次に注目すべきは、この「予知」に従って直ちに村外れの寺に「避難」していることである。その結果、田畑や家は流されたものの、村人の命は助かったという話である。災害の「予知」と安全な場所への「避難」は、人々の命を救う二大原則であり、それは今も変わらない。伝説は古人から現代人に向けてのメッセージである。

六　漢字で読んだらとんでもない「浮気」の里

漢字伝来前からあった地名

その昔、滋賀県守山《もりやま》市のとある病院に講演に行った時の話である。講演後、院長先生が「私の住んでいる町は『浮気町《ふけちょう》』といいますが、その漢字で結構迷惑しています」と言われた。私がとっさに「そこは低湿地帯ではないですか」と尋ねると、その通りだと言う。

これが「浮気」と私の出会いだった。「フケ」とは漢字が我が国にもたらされる以前から日本列島に存在した地名で、低湿地帯を意味していた。漢字一字では「深」「更」などが当てられていたが、「好《よ》い」漢字を二字使えという政策のもとに「布気」「婦気」「福気」「浮気」などと表記された。いずれも意味は同じで、全国各地に分布する地名である。守山市の「浮気町」はその中でも最も特徴的で印象に残る「フケ」である。

JR守山駅の裏手を数分も歩くと、そこはもう浮気の里。その中心は住吉《すみよし》神社である。その昔、土御門《つちみかど》天皇（一一九五～一二三一）が病に倒れた時、この土地の大蛇を退治して献上したことによって天皇は回復され、その時から住吉神社では大蛇を火で追う儀式が始ま

JR守山駅東口にある看板。信号機にも「浮気町」の文字が……　©中根正義

ったという。

町の一角に「よみがえる『浮気《ふけ》』」として、看板にこう記してある。

> この地は古来より益須川の伏流水が多く泉を湧かせて水清く森茂る豊かな自然の地であった。村中池より湧き出て地下水は浮気の里中をくまなく巡り、秋から冬の間は水蒸気が朝日に映え紫気が雲間に漂うさまは、「紫気天に浮かびて雲間に動かず」の詩より浮気《ふけ》と名付けられたと聞く。

益須川は、現在の野洲《やす》川のことである。「近江太《おうみた》郎《ろう》」とも呼ばれる滋賀県きっての暴れ川で、守山市の浮気町はこの野洲川の「後背《こうはい》湿地」と見ることができる。氾濫した河川は水とともに土砂を運んで自然堤防をつくるが、その先に泥水がたまり低地が形成される。それが後背湿地である。

浮気町は家々の周りを清流が巡り、その清流にはハリヨという魚が放流されるなど美しい景観を保ち、過去にも洪水に遭ったという記録はなさそうだ。

たびたび洪水被害に遭った小浮気

「フケ」地名で、西を代表するのが守山市の浮気町だとすれば、東を代表するのが茨城県取手《とりで》市にある「小浮気《こぶけ》」だろう。「浮気」という点では同じ意味を持った地名である。もともとは藤代町《ふじしろまち》小浮気だったが、二〇〇五（平成一七）年の平成の大合併によって藤代町は取手市に編入された。

この地は、江戸時代から小浮気村として知られた農村地帯で、水戸街道の藤代宿を中心に栄えた。北東側を流れる小貝《こかい》川の典

家屋の周りには清らかな水路が巡る。著者撮影

型的な後背湿地で、少し離れているが南側に利根《とね》川が流れている。昔から小貝川の氾濫によって大きな被害を受けてきた。一八八九（明治二二）年の市制・町村制の施行によって小浮気村を含む六村が統合されて六郷《ろくごう》村が成立し、さらに戦後になって一九五五（昭和三〇）年、近隣と合併して藤代町となった。

ＪＲ常磐《じょうばん》線藤代駅から二キロほど国道六号を西に行ったあたりの田園地帯が小浮気のエリアだ。国道六号のバイパス分岐の交差点が小浮気交差点だが、その地名の面白さ以外にはこれといった特色があるわけではなく、水田が広がっており、稲作が盛んなようだ。

交差点から少し足を延ばした所に地区の集落があり、公民館もある。その先の水田の中にぽつんと鎮守の森があった。八幡神社だ。境内には様々な石塔がある。江戸時代中期以降に建立された庚申塔《こうしんとう》などで、地域の人々の信仰を集めてきたことがわかる。

小貝川は、古くは子飼川、蚕養川とも書かれ、関東平野を北から南に流れる一級河川である。利根川の支流としては第二位の長さを誇っている。昔から「暴れ川」として知られ、昭和の時代に限っても、数度にわたって洪水を引き起こしている。

中でも一九五〇（昭和二五）年八月の洪水は熱帯低気圧の豪雨によるもので、大きな被害をもたらした。八月七日未明、高須《たかす》村大留《おおどめ》（現取手市大留）で堤防が決壊し、同村の他、相馬町《そうままち》、小文間村《おもんま》、山王村《さんのう》、寺原村《てらはら》、六郷村（すべて現取手市）が浸水した。小浮気は六郷村に属していた。死者・行方不明者三名、倒壊家屋一八七四戸、床上・床下浸水五四六八戸に及んだという。

その後治水対策が進んだこともあり、小浮気周辺では一九五〇年以降、大きな洪水被害は起きていない。とはいえ、二〇一九（令和元）年一〇月の台風一九号による広域的な被害を思い起こすまでもなく、近年、異常気象が多発しており、低湿地を意味する地名がある場所では注意が必要なことは言うまでもなかろう。

七　津波は「川」を遡上する！――「稲むらの火」の歴史舞台

「津波」は「津」を襲う波のことだ！

東日本大震災（三・一一）の後、私は被災した地域と南海トラフ地震の危険性が指摘されている地域を、それこそ「津々浦々」に至るまで訪ね歩いた。津波の被害を受けた場所、もしくは津波の被害を受けやすい地域の地形はどうなっているのか確かめるためである。

その結果、大きな被害を受けた地域にはある種の共通性があることに気づいた。それを「浦・津・川モデル」と名付けてみたが、その発想はごく単純な事実に着目したことから生まれた。それは「津波」という文字だった。「津波」とは「津」を襲う波のことだ。この単純な事実に着目することによってことの本質が見えてきた。

三・一一では宮城県の気仙沼《けせんぬま》市や女川町《おながわちょう》に象徴されるように入り江の奥に位置する市街地が壊滅的な被害を受けている。一般に入り江近くの海辺を「浦」と呼ぶが、津波は浦を軽く乗り越えて奥に侵入すると両側の山に押されて津波の高さはさらに増すことになる。

そして重要な点は、その最高の勢いに乗った津波は入り江の最奥部に位置する「津」を直撃するということである。「津」とは要するに「湊（港）」のことで、当然そこには市場が置かれ、商店街も形成され、人家も立ち並ぶことになる。そこに巨大津波が押し寄せたらひとたまりもない。それが東日本大地震のもたらした現実だった。

今回さらに注目したいのは「川」の存在である。通常は海に流れている川だが、津波の発生によって川は津波が流れ込む格好のルートに変身して周囲の人家を呑《の》み込んでいった。その意味で「川」は津波の凶器になるとも言える。

その爪痕は宮古《みやこ》市、陸前高田《りくぜんたかた》市、気仙沼《けせんぬま》市などで目撃したが、最大の悲劇は北上川を遡上した津波によって七四名の児童が犠牲になった大川小学校事件（石巻《いしのまき》市）だった。

「ひろかわちょう」はミステイク!?

和歌山県有田《ありだ》郡広川町――。「広川」は「ひろがわ」と読み、町名の由来は現地を流れる「広川《ひろかわ》」だが、この町名に関してはちょっと変わったエピソードがある。

一九五五（昭和三〇）年、それまであった広町《ひろちょう》、南広《みなみびろ》村、津木《つぎ》村が合併して「広川町」が誕生したが、当初は「ひろかわちょう」だった。それは自治省（現総務省）で誤って登録されたためで、一九九六（平成八）年、読み方を「ひろがわちょう」に訂正している。

「広川」という川は全長約二〇キロという小さな河川だが、湯浅町《ゆあさちょう》との境を流れ、昔から物資の輸送などで重要な機能を果たしていた。

さてこれからが本題である——。

「広川」を津波が襲った!

一八五四(嘉永七・安政元)年、紀州和歌山藩広村(今の広川町)で一一月四日、五日と大地震があり、五日の地震の後大津波が広村を襲った。その村に濱口儀兵衛《はまぐちぎへえ》(梧陵《ごりょう》)という人物がいた。濱口は地元で生まれたが、下総国《しもうさのくに》の銚子《ちょうし》で醬油醸造所の七代目としてその経営にも従事していたほどの「やり手」だった。「稲むらの火」というのはこの大津波の際、村人に津波を知らせるために夜中、稲むら(稲を保存した束)に火をつけて事態を知らせ、村人たちを内陸にある八幡神社に誘導し、多くの命を救ったという実話に基づく話である。

濱口梧陵の手記によれば、四日に強い地震があり津波を警戒して村人を八幡神社に避難させた。そして五日を迎えたが地震も落ち着いたということで、村人は自宅に帰っていた。ところが、午後四時に大地震が起こった。濱口は次のように書き残している。

広川町役場前に建つ濱口梧陵の銅像。広川町提供

その激しさは、前日のものとは比べ物にならない。瓦は飛び、壁は崩れ、塀は倒れ、ほこりや細かい砂が舞い上がり空を覆《おお》った。（中略）このとき、私はひそかに、この状況に対応できるのは私ひとりしかいないと覚悟を決めて、元気な者を励まし逃げ遅れている者を助け、災難を避《さ》けようとした瞬間、怒濤《どとう》が早くも民家を襲ったと叫ぶ者があった。私も急いで走っている中、左の方の広川筋をふりむいてみると、激しい波はすでに数町（一町は約百十メートル）川上まで遡《さかのぼ》り、右の方を見ると、人家が崩れ、流されていく音が痛まし

くて、肝を冷やした。

（広川町文化財保護審議委員会・広川町教育委員会『浜口梧陵小傳』）

「稲むらの火」

濱口は濁流に呑み込まれながれも流木につかまって一命をとりとめ、八幡神社に戻ってみると、人々は悲鳴を上げている人もいて大混乱に陥っていた。日はとっぷり暮れてしまった。しかしその暗闇の中で助けを求めている村人がたくさんいるはずだ。

そこで、松明《たいまつ》をつけて、元気な者十余名にそれを持たせて田や野原の道を下り、流された家の梁《はり》や柱が散乱している中を越えて進むと、命の助かった者数名に出会った。なお進もうとしたが、流されてきた材木が道を塞《ふさ》ぎ、歩行も自由にならない。そこで、従者に退却するよう命じて、道ばたの稲むら（刈った稲または稲藁《わら》を積み重ねたもの）十余りに火を放たせ、それによって、漂流者に、その身を寄せて安全な場所を表示しようとした。この計画はむだではなかった。この火を頼りにして、辛《かろ》うじて命が助かった者も少なくなかったからである。このようにして、一本松に引き返してきた

濱口梧陵が築いた広村堤防。広川町提供

頃、激しい大きな波がやって来た。その前に火をつけた稲むらが、押し寄せてきた波に漂いながら流れている情景は、ますます天災が恐ろしいものであると感じさせられた。（前掲書）

これが後世に伝えられる「稲むらの火」の物語だが、この話は津波対策に尽くした美談として戦前に国語の第四期国定教科書にも取り上げられている。

濱口はその後、海岸線に沿って「広村堤防」を築き、それが昭和南海地震（一九四六年）の津波の被害を最小限に食い止めたと言われる。まさに広川町では濱口梧陵は津波対策の恩人とも言うべき人物である。

　私は地名ハンターとして八幡神社を始め広村堤防などくまなく歩いたが、終始圧倒され続けていた。こんなすごい人がいたんだ！　というのが素直な実感だった。濱口梧陵は幕末から明治にかけて活躍した実業家・社会事業家・政治家だった。実業家として下総国銚子に醤油醸造（現ヤマサ醤油）を営むだけでも大変なことなのに、地元でもこの貢献である。

　自然災害のみならず様々な予測不能な諸課題に直面する現代日本に、濱口梧陵のような人物が登場してほしいと願うのは私一人ではあるまい。

第四章　北日本を襲った水害と地名

一　「ナイ」と「ベツ」に注目！　石狩川の暗号

東北地方に見られる「ナイ」河川

秋田県北部から青森県一帯にかけて「○○内《ない》」という地名が分布している。マンガ『釣りキチ三平』の作者として知られる矢口高雄《やぐちたかお》の生地は「狙半内《さるはんない》」という村（現在は秋田県横手《よこて》市増田町《ますだまち》狙半内）だったが、これなどはその代表例である。

この「内」はアイヌ語の「ナイ」に漢字を当てたもので、「川」を意味している。従って、当然のごとく「○○内川」という河川名となることが多い。例えば次のようなものが挙げられる。

秋田県――三内《さんない》川、桧木内《ひのきない》川、斉内《さいない》川、役内《やくない》川、下内《しもない》川

青森県――笹内《ささない》川、川内《かわうち》川、横内《よこうち》川、入内《にゅうない》川

これらの河川名はいずれもアイヌの人々が残してくれた貴重な生活の痕跡であり、川沿

いに多く住み、川とともに生きてきた証しでもある。

北海道の「別」と「内」

アイヌの人々は和人との戦いに敗れ、次第に山間部に追いやられた。その名残が東北地方では「内」地名として残っている。だから、一般的に「内」は川の中でもとりわけ山間部を流れている小さな川を意味している。東日本に多く見られる「沢」に相当すると考えてよい。一方北海道に目を転じると「内」以外に川を示す地名に「別」地名がある。実は北海道は「別」と「内」だらけなのだ。ここに北海道の水害の隠れた秘密がある。

アイヌ語のｐｅｔ（ペトゥ）は大きい川という意味で、その多くは「別」という漢字を当てている。またｎａｙ（ナイ）は小さい川を意味し「内」という漢字を当てている。「別」で知られるのは、陸別《りくべつ》・音別《おんべつ》・幌別《ほろべつ》・女満別《めまんべつ》・紋別《もんべつ》・士別《しべつ》・登別《のぼりべつ》・江別《えべつ》など。また「内」を代表するものには、稚内《わっかない》・岩内《いわない》・木古内《きこない》・幌加内《ほろかない》・歌志内《うたしない》・静内《しずない》などがある。

注目すべきは、ベツは水かさが増えるとすぐ氾濫する危険な川と、とらえられていることである。ここにはアイヌの人々の川への恐れが垣間見られると言ってよい。

1952年に撮影された石狩川の様子。激しく蛇行し、暴れ川だったことがわかる。毎日新聞社提供

石狩川の氾濫

石狩川は北海道を代表する一級河川で、ベツに属する暴れ川である。長さは二六八キロメートルで、信濃《しなの》川、利根《とね》川に次ぐ第三番目の長さを誇っている。流域面積は一万四三三〇平方キロメートルあり、こちらは利根川に次いで二位と、日本三大河川に数えられている。北海道が開拓される以前の確たる記録は残っていないが、明治以降はしばしば大洪水を引き起こしている。中でも一九八一（昭和五六）年の大洪水は五〇〇年に一度という大規模なものであった。

この年八月から九月にかけての一カ月で、札幌で七〇〇ミリの雨を記録した。これは札幌の年間降水量の六〇パーセントに及ぶものであった。この豪雨によって八月の上旬と下旬の二度にわたって石狩川が氾濫を起こし、石狩平野は巨大な泥海と化したという。石狩川流域の総被害額は約一〇〇〇億円に上った。

なぜこれほどまでの被害が出たのか。その原因は「別」や「内」などの河川名をたどることによって探ることができる。

石狩川の暗号

石狩川の支流名を調べてみると、次のように河川にまつわる地名が浮かび上がってきた。

——以下は支流のさらなる支流を意味している。

留辺志部《るべしべ》川——茅刈別《ちかりべつ》川
愛別《あいべつ》川
比布《ぴっぷ》川——比布ウッペツ川
牛朱別《うしゅべつ》川
忠別《ちゅうべつ》川

オサラッペ川——ヨンカシュッペ川・ウッペツ川
雨竜《うりゅう》川——幌加内《ほろかない》川・幌新太刀別《ほろにいたちべつ》川・恵岱別《えたいべつ》川
徳富《とっぷ》川——ワッカウエンベツ川・ルークシュベツ川
空知《そらち》川——布部《ぬのべ》川・芦別《あしべつ》川
奈井江《ないえ》川——茶志内《ちゃしない》川
幾春別《いくしゅんべつ》川——奔別《ぽんべつ》川・三笠幌内《みかさほろない》川
夕張《ゆうばり》川——志幌加別《しほろかべつ》川・ヤリキレナイ川
豊平《とよひら》川——真駒内《まこまない》川・厚別《あしりべつ》川
当別《とうべつ》川——パンケチュウベシナイ川
茨戸《ばらと》川——真勲別《まくんべつ》川

その他にも、江丹別《えたんべつ》川・内大部《ないだいぶ》川・ペンケ歌志内《うたしない》川・於札内《おさつない》川・浦臼内《うらうすない》川・札比内《さっぴない》川などが確認されている。このおびただしい数の川にちなんだ「別」「内」などはアイヌの人々の生活の痕跡であると同時に、川の氾濫の危険さについての現代へ向けた警鐘であると言ってよい。これは日常的には地名の由来などに注意を払っていない現代人にとって、一種の暗号である。

「札幌」にも水害の暗号

一九八一（昭和五六）年の大洪水では札幌も大きな被害を受けた。家屋全半壊一三戸、床上浸水一九四二戸、床下浸水一万四六一三戸に及んだ。市の中心部を流れる豊平川と真駒内川が氾濫を起こしたのである。実はこの「札幌」という都市名が川に由来している。札幌の地はもともと「サッ・ポロ・ベッ」と呼ばれていた。「サッ」はアイヌ語で「乾いた」を意味し、漢字では「札」を当てることが多い。次の「ポロ」は「大きい」という意味で普通は「幌」を当てる。そして最後の「ベッ」は言うまでもなく「川」の意味である。言い換えれば「乾いた大きな川」ということになる。

この「乾いた大きな川」とは豊平川のことである。つまり「札幌」の語源は北海道の暗号たる「ベッ」にあったということである。普段は「乾いた」状態でもいったん集中豪雨ともなれば牙をむく。そんな不気味さを暗示している。札幌市のシミュレーションによれば、総雨量三一〇ミリを超える雨が降れば豊平川が氾濫し、同市を代表する繁華街すすきの一帯は水没すると試算している。

蛇足だが、石狩川の支流の夕張川にある「ヤリキレナイ川」は「オモシロナイ川」（面白内川）、「オカシナイ川」（可笑内川）、「オカネナイ川」と並んで笑いを誘う北海道のユニークな川名として知られる。

アイヌの人々が残してくれたアイヌ語地名は立派な文化遺産である。それを紐解くことによって、いかにアイヌの人々が川を大切にし、川と共生してきたかが理解される。それは現代に生きる我々のみならず未来につながる教訓である。

二　雄物川の氾濫と「強首」伝説

雄物川の氾濫

雄物《おもの》川は秋田県の南端に位置する大仙山《だいせんやま》（九二〇メートル）に源を発し、湯沢《ゆざわ》市、横手《よこて》市、大仙《だいせん》市を経由して秋田市で日本海に注ぐ秋田県最大の一級河川である。水系の長さは一三三キロ、流域面積は四七一〇平方キロメートルで秋田県全域の四〇パーセントを占め、そこに住む人口は六〇万に及んでいる。

この雄物川も古来暴れ川として名を馳《は》せてきた。とりわけ一八九四（明治二七）年八月には未曽有の洪水に見舞われ、死者・行方不明者三三四名、流失・全壊戸数一五九四戸、浸水一万八九四七戸という記録が残っている。さらに戦中の一九四四（昭和一九）年七月には、死者一一名、流失・全壊戸数一九戸、浸水家屋七二七九戸という被害を受けている。

そして一九四七（昭和二二）年七月には戦後最大という洪水が発生し、流域平地部の六〇パーセントが浸水したというのだから、そのすさまじさは想像を絶するものがある。つい最近では二〇一七（平成二九）年七月の洪水が知られている。七月二二日から二三日にかけての前線性豪雨によって、横手市大森町《おおもりまち》に始まって大仙市の神宮寺《じんぐうじ》、刈和野《かりわの》、峰吉川《みねよしかわ》、寺館大巻《てらだておおまき》、淀川《よど》、そして秋田市では新波《あらわ》で洪水氾濫が発生している。人的被害はなかったものの、家屋の被害は全壊三戸、半壊三八戸、床上浸水六三五戸、床下浸水一四一三戸に及んでいる。

「大曲」と雄物川

「大仙市」という大雑把な市名は平成の大合併によって、二〇〇五（平成一七）年大曲市《おおまがり》と仙北《せんぼく》郡六町一村が合併して成立した。「大仙」の文字は「大曲」の「大」と「仙北郡」の「仙」をとってつけたというのだから、ちょっと悲しい。典型的な合成地名だ。

大曲と言えば昔から全国から数十万人という観光客を集める花火大会で有名だが、これはやはり「大曲の花火」ではあっても「大仙の花火」と言われると、それどこの話？ と言いたくなってしまう。

花火大会は雄物川を会場として行われるが、大曲という地名は雄物川の曲流に由来するのではと言われている。雄物川は高低差が少ないために蛇行を繰り返す川として知られ、そこから「大きく曲がる」つまり「大曲」となる算段だが、ことはそう簡単ではない。

この地区は古くから「大麻刈」と呼ばれていた所で、麻の産地だったという。「大麻刈」という地名が「大曲」に変えられたのは、江戸時代の一七三〇（享保一五）年のことであった。変更の理由は定かではないが、おそらくこの地を流れる雄物川の蛇行している様によるものであろう。

そもそも「曲がり」という地名は、河川や道路が曲がりくねっている所につけられる地名である。

ちなみに雄物川は江戸時代には「雄物川」「男物川」「御貢川」などと呼ばれていたが、その御貢とは年貢のことだったという。雄物川は秋田県を縦断する舟運《しゅううん》の要だったのである。

「強首」伝説

この雄物川は下流域に近づくほど曲流の度を増している。その曲流の激しい一角に強首《こわくび》の集落がある。今は平成の大合併によって大仙市強首字強首となっているが、もとは仙北郡に属する強首村であった。

この強首については、『日本書紀』に記されたある事件に関連して説かれることがある。

三二三（仁徳天皇一一）年の一〇月、今の大阪の「堀江」を掘って堤を築いたが、堤がすぐ決壊してしまう場所が二カ所あったという。天皇の夢に神が現れて「武蔵の強頸《こわくび》と河《かわ》内《ち》の茨田連《まんだのむらじ》衫子《ころものこ》の二人を生贄《いけにえ》に捧《ささ》げれば成功する」と言ったので、強頸（首）は泣き悲しみながら水に沈んで死んだという話である。

ここでは強首は川の洪水を防ぐ人物とされている。この強首でもそれに近いことがあったかもしれない。強首村は後に西仙北町《にしせんぼくまち》の一部になるのだが、平成の大合併によって大仙市となったので大仙市強首となっている。ＪＲ大曲駅で秋田新幹線を降りて奥羽本線で三つ目が峰吉川駅だ。そこからタクシーで一〇分も飛ばすと雄物川に架かる大きな橋に出るが、それを渡るともうそこは強首の集落である。

集落の外れに今や強首温泉を代表する樅峰苑《しょうほうえん》という宿がある。登録有形文化財に指定された見事な建築物である。

そこでいただいたパンフレットによれば、雄物川がこの付近で渦巻いて怖かったので渡《わたし》困《こわし》と呼ばれていたが、その「困《こわ》」が「強《こわ》」になり、身も心も震え上がる状態であったことから「強首」という地名が生まれたという。

その他にも、稲が「怖いいもち病」に強かったので「強首」になったとか、首の力の強

登録有形文化財に指定されている強首温泉・樅峰苑。著者撮影

い人がいて、尻に縄を結んだ人と綱引きをして勝ったので「強首」になったなどの話も紹介されている。結論としてこう締めている。

「このような言い伝えはあるが、いずれ『強首』という地名は、水害に悩まされた、この土地の人々の治水の思いから生まれた地名だと考えられる」

これで決まりである。実際に洪水を防ぐために人を生贄として捧げるなどということがあったという記録はないが、太古の日本では行われたのであろう。

強首地区は雄物川の氾濫原《はんらんげん》の上に形成された集落で川が氾濫するたびに大きな被害を受けてきたが、一九四七（昭和二二）年のカスリーン台風を機に、集落を守るための輪中堤を築くことが計画された。だが実現したのは二〇〇二（平成一四）年のことだったという。強首に残される伝承を大切にするとともに集落の安全を祈りたい。

秋田県の秋の景観は全国で最も好きなものの一つ——。秋晴れの下、秋田の秋を堪能したが、雄物川の清流の美しさとのどかな田園風景が忘れられない。

三　津波から生き延びた石ノ森萬画館の奇跡——宮城県石巻市

「日和山」から「中瀬」を見る

宮城県石巻《いしのまき》市の市街地を流れる旧北上《きたかみ》川の中州である「中瀬《なかぜ》」を最初に見たのは日和《ひより》山《やま》の上からだった。それから何度も日和山に上ってみたが、いつもその景観の美しさに心打たれてきた。日和山は石巻のシンボル的な山である。標高約六〇メートルの山頂からは太平洋を眺めることができ、また旧北上川を望むと、中瀬には石ノ森萬画館の丸いドーム状の建物が目に飛び込んでくる。

「日和山」という山は全国に八〇カ所以上もあるが、石巻の日和山はその代表的な日和山として知られている。この日和山という地名は、船の航行上の必要から生まれた。

近世（江戸時代）になって全国の米などの生産物を江戸や大坂に運ぶルートが整備されると、さらに日和山の機能は強化されていった。いわゆる東廻り航路は、日本海の港を出て津軽海峡を経て太平洋沿いに南下するルートで、石巻はこの航路の重要な拠点の一つだった。それに対して西廻り航路は、大坂から瀬戸内海を経て、関門海峡を抜けて日本海沿いに東北に向かうルートだった。

このルートを使う商人たちにとっては、出航する際に、そのつど日和（天候）を見る必要があったのである。

マンガランド構想

この中瀬に、マンガ家・石ノ森章太郎《しょうたろう》の記念館を建てようという話が持ち上がったのは一九九五（平成七）年のことだった。石ノ森章太郎（一九三八〜九八、本名：小野寺章太郎）は宮城県登米《とめ》郡石森町《いしのもりちょう》、現在の登米市中田町《なかだちょう》石森に生まれたが、中高時代片道二、三時間もかけて自転車で石巻の中瀬にあった映画館「岡田劇場」に通ったという。ストーリーはすべてここから始まった。

翌一九九六（平成八）年、時の菅原康平《すがわらこうへい》市長との話もまとまり、いよいよ「石巻マンガランド基本構想」がスタートした。総合プロデューサーはグラフィックデザイナーの原《はら》孝夫《たかお》さん、市の協議会の座長は私が務めた。ニューヨークのマンハッタン島に似た中瀬に石ノ森萬画館を建設しようとしたこのプロジェクトは、「マンガッタン構想」とも呼ばれた。

細長い島（瀬）の中瀬は、海に直結する川の中の低地で、満潮時には波が岸壁を越えようかと思えるほどである。いつ水害に見舞われても不思議ではない。次章で取り上げる「川中島《かわなかじま》」（長野県）や第七章の「川内《せんだい》」（鹿児島県）などと同類の水害地名である。

マンガランド構想は多くの市民グループの仲間の力を得て推進されたが、ことはそう簡単に運んだわけではなかった。石ノ森先生が石巻市の出身でないことが表面的な理由だったが、もちろん我々部外者にはわからない政治事情も重なっていたに違いない。

石ノ森先生は無念にも一九九八（平成一〇）年一月二八日逝去されてしまったが、先生が亡くなられたことによって市民グループの結束は強まり、ついに二〇〇一（平成一三）年七月二三日石ノ森萬画館はオープンの日を迎えた。

三・一一の襲撃

萬画館はマンガジャパンなどの全面的な協力を得て順調な滑り出しを見せていた。年間の来館者数は二〇万人を軽く超え、全国のマンガ関連の施設の中でもトップを誇っていた。

しかし悲劇は突如襲った。二〇一一（平成二三）年三月一一日午後二時四六分、東日本を巨大地震が襲った。同時刻、私は名古屋の地名に関する本の取材のために、名古屋市の徳川美術館にいたが、立っていられないほどの揺れの中、館内のカーテンが左右に大きく揺れているのを見て館外に逃れた。そしてホテルに戻ってテレビをつけると、この世のものとは思えない映像が次々と目に飛び込んできた。ただただ驚くだけで言葉を失った。

東北地方の太平洋沿いの諸都市はどこも壊滅的な被害を受けたが、中でも石巻市の被害は甚大だった。市民グループの代表だった阿部紀代子《あべきよこ》さんは「地獄でした……」と語ったのみで、あとは口をつぐんだ。「石巻での死者・行方不明者約四〇〇〇名のうち、地震で亡くなったのはたった一人で、あとはすべて津波でした」とも。

震災の半年後、石巻を訪れたが、その惨状に息を呑《の》んだ。日和山の眼下に海岸沿いに広がっていた街（門脇《かどのわき》地区）は「完全に消えていた！」。津波は場所によっては瞬間的に四〇メートルの高さに及んだという。

旧北上川を遡上した津波は中瀬を直撃し、萬画館も濁流に呑み込まれた。津波は五メートルほどの高さだったというが、萬画館そのものは二〜三メートル盛り土した上に建てられていたために、一階のインフラ施設などは壊滅的な被害を受けたものの、階上に保管されていた一〇万枚近くに及ぶ原画は被害をまぬかれた。

復興のシンボル、石ノ森萬画館。写真提供：石ノ森萬画館

それでも負けない！ 石巻

悲しみのどん底に突き落とされながらも石巻の仲間たちは懸命に復興に取り組み、二〇一二（平成二四）年一一月一七日、萬画館のリオープニングにこぎつけ、さらに翌年三月二三日に完全再開を果たした。その復活を担った一人、木村仁《ひとし》さんが隣町の女川町《おながわちょう》を案内してくれ「ここが我が家のあった場所です」とつぶやいて指さした先には、壊れた石垣以外何もなかった。その残酷さを目の当たりにして絶句した。

そんな苦しみを乗り越えて復興に力を尽くしてきた東北の人々に心底からの敬意とエールを送りたい。

萬画館を中瀬に建設することになったのは、かつてこの地が石巻の繁華街で市民の憩いの場所であり、石ノ森先生の思い出の地でもあったことから当然のことだった。ただこのような新しい公共施設を建てる際、水害などの自然災害のリスクが高い立地を選ばざるを得ない側面もあることを忘れてはならない。多くの自治体が直面している課題である。

石ノ森萬画館が津波に耐えて生き延びることができたのは、中瀬の上に盛り土をしてその上に建てたという単純な事実によっている。自然災害そのものを防ぐことはできないが、被害を最小限に抑えることはできる。二〇二三（令和五）年は関東大震災一〇〇年目。津波は紛れもない水害である。

第五章　信越地方を襲った水害と地名

一　「川中島」を襲った山津波秘話

「川中島」の決戦

「川中島」と言えば武田信玄《たけだしんげん》と上杉謙信《うえすぎけんしん》が直接戦った古戦場として余りにも有名である。長野駅から松代《まつしろ》行きバスに揺られて南に行くと、広大な河川敷を持つ犀《さい》川を渡る。さらにまっすぐ南に下っていくと千曲《ちくま》川を越えて松代の町に入っていくことになるのだが、その千曲川の手前に川中島古戦場として知られる「八幡原《はちまんぱら》」がある。

ここは一五六一（永禄四）年両雄が戦った際、謙信が単身、信玄の陣に乗り込み、太刀を浴びせたのを信玄がしのいだという伝説の地である。武田信玄と上杉謙信の戦いは一五五三（天文二二）年から六四（永禄七）年までの一二年間に及ぶものだったと言われ、中でも六一（永禄四）年の戦いが最大規模で、通常「川中島の戦い」というとこの戦いを指している。

川中島平

「川中島」と言えば、まずこの両雄の戦いが思い浮かぶが、よくよく考えれば水害に縁のある地名である。「川の中の島」であると考えただけで、土地の形状をイメージすることができる。

ここでいう川とは信州を代表する「犀川」と「千曲川」のことである。長野県歌「信濃《しなの》の国」では「流れよどまず行く水は　北に犀川千曲川　南に木曽《きそ》川天竜《てんりゅう》川」と謳《うた》われている。このうち南に流れる木曽川と天竜川はそれぞれ別のルートを流れるが、犀川と千曲川は現長野市の地点で合流している。犀川は北アルプスから流れる梓《あずさ》川を主流にして松本盆地の支流を集める大河で、それが長野盆地に出る地点で千曲川と合流し、新潟県に流れ込んで我が国最長を誇る信濃川となる。

川中島はこの犀川と千曲川が合流する手前の「川の中の島」を意味していた。古来、度重なる洪水に悩まされてきた地域でもある。川中島という地名は信玄が命名したという説があるが定かではない。ただ信玄・謙信両雄の戦いがこの「川の中の島々」を舞台に展開されたことは事実である。

長野市には「川中島」以外に犀川沿いに「丹波島《たんばじま》」「青木島《あおきじま》」「綱島《つなしま》」「真島《ましま》」がある。

川中島古戦場史跡公園内にある武田信玄（左）と上杉謙信の一騎打ちの像。著者撮影

その他にも「大豆《まめ》島」「屋《や》島」など多数の「島」地名が分布しているが、これらはいずれも犀川・千曲川などの氾濫によってできた島状の地形に由来すると考えられている。

長野盆地は、県歌「信濃の国」では「善《ぜん》光《こう》寺《じ》平《だいら》」と歌われているが、近世までは「川中島平」もしくは「川中島四郡」（更級《さらしな》郡・埴科《はにしな》郡・高井郡・水内《みのち》郡）とも呼ばれていたらしい。その「川中島平」の範囲は、現在の長野市を中心にした「北信」全体に及んでいたという。

善光寺地震と山津波

一八四七（弘化四）年三月二四日、この

大地震の被害をまぬかれた善光寺本堂。女性の参拝が認められていたこともあって全国的に善光寺詣でが広がった。著者撮影

地方を一〇〇〇年に一度といわれる直下型大地震（善光寺地震）が襲った。時あたかもこの年は七年に一度の善光寺の御開帳の時期と重なり、全国から数千人規模で参拝者が宿泊していた。幸い善光寺の建物の被害は最小限に食い止めたものの、善光寺領だけで死者二四八六名（内、旅人一〇二九名）、倒壊消失した家屋は二二四〇戸に及び、倒壊の被害を受けなかった家屋はわずか一四二戸であったという。

この地震による二次災害として起きたのが山津波であった。山津波とは、地震による山塊の崩壊によって河川が堰《せ》き止められ、一時的にダム状態になるものの、水量を抑え切れなくなって一気に流れ落ちる現象である。

善光寺地震の場合、犀川右岸の岩倉山（虚空蔵山《こくぞうさん》）が崩落し水深六五メートルの堰止湖《せきとめこ》を形成した。その長さは犀川に沿って三〇キロにも及んだといわれ、いくつもの村が水没している。

折しも雪解けの時期に重なり（新暦では五月）水量は瞬く間に増加して、ついに地震発生の一九日後に堰止湖は決壊し、推定三・五億立方メートルもの水が川中島方面に流れ込むことになった。多くの村々が高さ数十メートルの山津波に流されたが、事前に避難していたこともあって死者は一〇〇人余りに抑えられたという。

氾濫を救った受刑者たち

犀川の氾濫に関してはどうしても紹介したいエピソードがある。戦後の一九四九（昭和二四）年九月二三日、長野市一帯は激しい集中豪雨に見舞われた。戸隠《とがくし》連峰に源を発し長野市の中心部を流れて犀川に注ぐ裾花《すそばな》川が氾濫の危機にあったという。県の土木課も必死に対応しようとしたが、とにかく人手がない。現在では自衛隊の出動ということになろうが、当時はまだそのような体制はできてはいなかった。そこでやむを得ず、土木課長は長野刑務所の受刑者の力を借りようと考えて依頼したという。

依頼を受けた刑務所内には困惑が広がった。刑務所の外で作業させる場合、常につきまとうのは集団逃走の問題である。最終的には所長の判断に委ねられることになったが、所長は不祥事を起こした場合は辞職する覚悟で一〇〇〇人の受刑者を裾花川の氾濫防止と復旧作業に当たらせることにした。

作業は翌九月二四日から一〇月二日までの九日間に及んだが、逃走者は一人も出ず、濁流に呑《の》み込まれて犠牲になった者もいなかったという。昼夜を分かたず交代で決壊した堤防の復旧作業に取り組む姿に感動した市民からは、連日握り飯や菓子・牛乳などが差し入れられたという。

これはまさに奇跡に近い出来事だったが、その裏には所長の適切な決断とともに、受刑者たちの災害に真摯《しんし》に向き合う心があった。ある受刑者が次のような言葉を残している。

洪水の惨状と真青な顔で立ち尽くしている市民の姿を見たら、闘志が湧き、危険にもひるまず、夢中で作業を続けた。誰からも強いられずに力一杯働くことは嬉しいことで、逃走なんて考えるものはいなかった。皆が本来の人間の美しい姿に戻り、ただ水を止めることだけに一生懸命だった。

（椿百合子「受刑者による災害救援出動の記録『裾花の薫』を伝える」『刑政』一二四巻四号所収）

「皆が本来の人間の美しい姿に戻り」のくだりには心打たれるものがある。この話は一般には知られてこなかったが、関係者の間では美談として語り継がれてきたという。

東日本大震災から早一〇年余り、いま一度災害に向き合う心を考えてみたい。

二　天竜川の氾濫と佐久間ダム

未の満水

長野県の伊那《いな》地方は諏訪《すわ》湖から流れ来る天竜《てんりゅう》川沿いに開けた土地である。長野県の県歌「信濃《しなの》の国」には「松本　伊那　佐久《さく》　善光寺《ぜんこうじ》　四つの平《たいら》は肥沃の地」とあるが、伊那地方は他の三つの「平」と比べると決して「平」ではなく、天竜川の河岸段丘になる地形で、その意味で「伊那谷《いなだに》」と呼ばれることが多い。

この伊那谷には「未《ひつじ》の満水《まんすい》」という言葉で天竜川による氾濫が伝承されている。時は一七一五（正徳五）年、六月一七日から降り始めた雨は降りやまず、翌一八日には至る所に土石流が発生し、それらが天竜川になだれ込んで、その結果、伊那谷は細長い巨大な湖と化したという。この年が未年だったことから「未の満水」と呼んだとのことだが、それにしても「満水」とはうまく言ったものである。

伊那谷の水害の特徴は、天竜川を挟んで東に南アルプス、西に中央アルプスの高峻《こうしゅん》な山々から土砂が大量に流れ込むという地勢にあると言ってよい。さらにこの地域は中央構

1961年6月の「三六災害」によって、長野県伊那地方で起きた地滑り。
毎日新聞社提供

造線に位置していて断層が走り、地盤が緩いことでも知られている。

この未の満水に準ずる被害を受けたのは、一九六一（昭和三六）年六月に起こったいわゆる「三六《さぶろく》災害」であった。六月二三日から七月六日にかけて続いた台風の接近と梅雨前線の停滞は豪雨をもたらし、天竜川と支流が氾濫して多くの小学生が犠牲になったという。長野県だけで死者一〇七名でそのうち伊那谷が一〇一名を占めた。さらに家屋の全半壊一一四四戸、流失家屋は三八〇戸に及んでいる。天竜川の中流域の佐《さ》久《く》間町《まちょう》、龍山町《たつやまちょう》、横山町《よこやまちょう》にも大きな被害をもたらした。天竜川中下流域では、流失・損壊家屋六四戸、浸水家屋六三七戸、

伊那谷の中心都市・伊那市。後方に見えるのは南アルプス。著者撮影

浸水面積二八・八平方キロメートルに及んだという。未の満水はこの三六災害を上回るものであったと伝えられる。

天竜川は逆流していた？

このような災害が発生した背景には天竜川の水系の特殊な条件があった。普通の川は山奥に水源を持ち、渓谷をたどって平野部に出て海に注ぐことになるのだが、天竜川の場合、大いに様相を異にしている。水源は諏訪湖畔の岡谷《おかや》市で、いわば都市河川がすべての始まりである。天竜川はそこから細長い伊那谷をかなりの急流で流れ込んでいく。伊那谷は谷とはいえ、両岸に沿って連なる河岸段丘はかなり広く、春先に訪ねると東西に残雪に輝く南アルプスの峰々が連なり、目を楽しませてくれる。

ところが、その様相は飯田《いいだ》市の天竜峡から一変する。この地点から天竜川は深い渓谷に流れ込んでいく。川は長野県を離れると愛知県と静岡県の県境を流れ、そこから浜松《はままつ》市に向かうことになる。

数年前、伊那谷を訪れた時、地質学の専門家から「太古の昔、天竜川は南から北へ逆流していた」と聞いたことがある。その時は「そんなバカな」と思ったものだが、よくよく考えてみるに億年単位でさかのぼれば考えられない話ではない。

とにかく不思議な川である。それを痛感したのは天竜峡の入り口に立った時である。それまで川幅広く流れていた天竜川が、突然川幅数十メートルの天竜峡に流れ込むのである。土石流まがいの激流がなだれ込んだとしたら、川は堰《せ》き止められ「未の満水」状態になっても不思議ではない。

その先は私流に言わせれば「佐久間の世界」である。

佐久間ダム

「佐久間の世界」とは私が勝手に命名したもので深い意味はないが、天竜峡に始まり浜松市にかけて天竜川が流れる急峻な渓谷をイメージしたものである。それは「佐久間」という地名に深く関わっている。

その渓谷の一角に佐久間ダムが完成したのは一九五六（昭和三一）年のことであった。当時静岡県の佐久間の地に建設されたので「佐久間ダム」と命名されたが、現在の所在地は以下のようになっている。

左岸　静岡県浜松市天竜区佐久間町佐久間
右岸　愛知県北設楽《きたしたら》郡豊根《とよね》村

高さ（堤高）一五五・五メートル、幅（堤頂長）二九三・五メートルの威容を誇る。ダム建設の直接的な目的は敗戦から高度経済期に向かっての電力不足に対応することであった。アメリカからの財政援助を受けて行われた工事はわずか三年四カ月で成し遂げられ、〝近代土木技術の金字塔〟と呼ばれた。

「佐久間」の意味

「佐久間村」という村名はすでに江戸時代に存在していたが、一八八九（明治二二）年の市制・町村制の施行で、近隣の二村と合併して新生「佐久間村」となった。「佐久間町」

として町制を敷いたのは、佐久間ダムが完成した一九五六（昭和三一）年のことである。そして、二〇〇五（平成一七）年、浜松市に編入されて今日に至っている。

さてこの「佐久間」の意味だが、これは意外に簡単である。地名の「サク」は「谷」を意味している。「マ」は文字通り「間《あいだ》」の意味だから、「佐久間」というのは「谷間」ということになる。佐久間ダムはまさに「サクマ」に建設されたのである。

千葉県では「サク」は「作」の字を当てることが多く、いずれも山間部の小さな谷を指している。鋸南町《きょなんまち》にその一つを利用して建設されたダムがあるが、そちらも「佐久間ダム」を名乗っている。

三　日本海沿岸に多い「潟」地名に注意！

日本海側に多い「潟」地名

「潟」（かた、がた）という文字がつく地名は、なぜか日本海沿岸に多い。しかも秋田県と新潟県に集中している。秋田県には「男潟《おがた》」「女潟《めがた》」の他に有名な「八郎潟《はちろうがた》」などがある。新潟県は県名に「潟」がついているのを見てわかるように、「潟」地名の本場と言っていいだろう。

「潟」というのは「湖沼《こしょう》」のことだが、正確に言えば「外海と分離してできた湖や沼」のことである。新潟平野は信濃《しなの》川と阿賀野《あがの》川によって形成された沖積《ちゅうせき》平野であり、古代においては無数の湖沼が分布していたに違いない。現在新潟市には「佐潟《さがた》」（西区）、「御手洗《みたらせ》潟《がた》」（西区）、「鳥屋野潟《とやのがた》」（中央区）、「福島潟《ふくしまがた》」（北区）の四つが確認されている。このうち最大規模を誇るのが「鳥屋野潟」である。

鳥屋野潟

鳥屋野潟はJR新潟駅の南西二〜三キロに位置している。新潟平野では最大の後背湿地《こうはい》で、潟の面積は約一・五八平方キロメートル。水面は海抜マイナス二・五メートルと低く、近郊には広大な海抜ゼロメートル地帯が広がっている。

現在は周囲に桜が植えられ、市民の憩いの場となっている。北部には県立自然科学館、県立図書館を始め、野球場や交通公園など、南部にはスポーツ公園などの公共施設がたくさんある。公共施設は広い敷地が必要なために、立地条件の悪い所に建設されることが多い。鳥屋野潟を取り囲む諸施設はそのような立地条件の所に建設されていることは忘れない方がいい。

とにかく鳥屋野潟の水面は日本海のそれよりも二・五メートルも低いのである。二・五メートルという高さは普通の家では二階にまで浸水する高さである。浸水被害から土地を守るため、この地では排水作業が必須とされた。一九四八（昭和二三）年、鳥屋野潟の東端に排水機場が設けられ、毎秒二五トンの水が旧栗ノ木《くりのき》川に放出されることになった。毎秒二五トンという数字は当時、東洋一と謳《うた》われたという。現在は信濃川に毎秒一〇〇トンを排水している。今日の安心はこのような陰の力によって支えられていることを忘れてはならない。
しかし、それでも起こるのが災害である。一九九八（平成一〇）年の八・四水害では二四時間で二六五・五ミリの降雨を記録し、鳥屋野潟を溢れた水は近郊の二〇七八ヘクタールに及び、五九三戸が床上浸水の被害を受けている。

「福島潟」の意味

同じ新潟市にある「福島潟」には不思議な伝説が残っている。新潟市にあるのになぜ「福島潟」というのかという話だ。

その昔、新発田《しばた》に紫雲寺《しうん》という寺があって、そこの若い長老様は娘たちを魅了する不思議な魅力を持っていたらしい。村の長者の娘のお福もまた長老様に思いを寄せていた。ある時、思いを打ち明けたところ、「今は修行の身なのでお応えできない」と断られてしまった。悲しみに打ちひしがれたお福はそのまま村を去ったという。

この悲しい恋物語から「福島潟」という地名が誕生したという話だが、この種の話は地名にまつわるよくある話で伝説上の話と考えておいた方がよい。「福」は、元は「フケ」で河川の後背湿地を指す地名である（第三章第六節参照）。「フケ島」と理解すれば「潟」の

福島潟はかつて水深平均1メートルの泥田で、農民は泥につかり農作業をしていた（1953年9月撮影）。現在は水鳥の楽園に（左下）。毎日新聞社提供

実態に合っていると言えよう。

一帯は、今は「水の公園福島潟」として市民の憩いの場となっているが、かつてはこちらも水害に見舞われている。一九六七（昭和四二）年八月、新潟県から山形県南部を襲った集中豪雨によって福島潟が増水して被害を与えている。

「新潟」の洪水

県名や市名ともなっている「新潟」の由来に関しては諸説あるものの、以上述べた「潟」地名に由来することは疑いないところだ。新潟市の北部から東部にかけては広大な海抜ゼロメートル地帯が広がっており、一八九六（明治二九）年「横田切れ」と呼

ばれる堤防の決壊によって新潟平野一帯一万八〇〇〇ヘクタールが浸水したというのだから、その規模の大きさに驚かされる。まさに「新潟」ならではの災害であった。

その後、信濃川の洪水を日本海に直接放流する大河津《おおこうづ》分水路が建設されるなどして、今日の安寧《あんねい》が保たれていることも忘れてはならない。

第六章　中国・四国地方を襲った水害と地名

一 「蛇」のつく所には住めないのか？

土石流と「蛇」のつく地名

二〇二一（令和三）年七月三日、静岡県伊豆《いず》地方を襲った集中豪雨によって発生した熱海《あたみ》市での土石流はすさまじいものであった。テレビに映し出された映像を見た人は、土石流のすさまじさを改めて実感したであろう。熱海市の場合は、谷の上に多量の盛り土がされていたということで人災とも考えられるが、日本列島にはあちこちに土石流常襲地と見られる所がある。そして興味深いことに、それらの多くには「蛇」の地名がつけられてきた。「蛇崩《じゃくずれ》」「蛇喰《じゃばみ》」「蛇抜《じゃぬ》け」などである。いずれも水害を伴った崩壊地名である。

蛇落地悪谷？

二〇一四（平成二六）年八月二〇日、広島市に集中豪雨が襲い、それにより大規模な土石流が発生したことは記憶に新しい。死者七四名、家屋の全半壊三九六戸、二〇〇〇人以上が避難するという大惨事となった。その多くは住宅地が入り込んだ山合の傾斜地であっ

2014年の大規模な土砂崩れで、泥で埋まる広島市安佐南区八木地区と阿武山。2014年8月20日。毎日新聞社提供

た。広島市は平野部が少ないことに加えて、戦後人口が急増したことにより（現在約一二〇万人）、本来は住居に適しない危険なエリアに宅地造成が進められた。

　がけ崩れは広島市内で五九カ所確認されているが、そのうち五六カ所が安佐《あさ》北区と同南区に集中していた。今回特に大きな被害をもたらしたのは阿武山《あぶさん》（五八六メートル）で、ほぼ同時に一八カ所で土石流が発生したという。その地区の一つ、八木《やぎ》地区で興味深い報道があった。それは同地区が昔「蛇落地《じゃらくじ》悪谷《あしだに》」と呼ばれていたというものである。これは明確な土砂災害を示唆する地名である。

「蛇落地」とは「蛇崩」などと一緒で、蛇

によって崖が崩壊するという伝承を今に伝える地名である。また「悪谷」とはよくぞつけたと思わせる地名で、もともと人が住んではいけない土地であることを示唆している。「蛇落地悪谷」では余りにイメージが悪いということで「上楽地芦屋《じょうらくじあしや》」と改称され現在の「八木」になったとのことだが、家を流された住民は「上楽地芦屋」という改称された地名に惑わされたことになる。その意味では今回の災害は人災と言ってもいいだろう。

大蛇伝説

行政側は「蛇落地悪谷」などという地名は文献上確認されていないと弁明したようだが、当たり前の話である。地図に記載される地名などはほんの一握りでしかなく、ましてやイメージの悪い地名など記録に残るべくもない。

実は、この地区の阿武山には大蛇伝説が伝えられている。八木地区には昔から大蛇が棲《す》んでいて、村人を困らせていたという伝承があり、香川勝雄《かつたか》という戦国時代の武将が退治したとか、戦国期の八木城主が大蛇の頭を切り落とし、それを記念して建てられた「蛇王池」の碑があるなど諸説紛々。

蛇にまつわる伝説は全国に残されているが、それらの多くは蛇を「悪者」に仕立てる話である。蛇が村にしばしば現れ「悪さ」をしていたので、武将などが退治したという話である。阿武山の伝説などはその典型だが、蛇の行っていた「悪さ」とはすなわちがけ崩れ・鉄砲水などの土砂災害だったと言っていいだろう。江戸時代までは地震は地下にいる鯰《なまず》が暴れることによるものだと信じられていたが、それと同じ理屈で土石流は蛇の仕業と考えられてきたということだろう。

蛇に託されたメッセージ

冒頭に述べたように、「蛇」のつく地名は多い。「蛇崩れ」などそのものずばりの地名だが、東京のど真ん中に「蛇崩川《じゃくずれ》」という川が流れている。世田谷区から目黒区に流れる二級河川で目黒川に注いでいる。現在は暗渠《あんきょ》になっていて緑道公園が設けられており、目黒区目黒四丁目の野沢通りに「蛇崩」という交差点が残っている。広島の「蛇落地」とは直接関係ないが、蛇にまつわる崩壊地名としては同じである。

長野県南部では土砂崩れのことを「蛇抜け」と呼んでいる。あたかも山の地中に潜む大蛇が抜け出していく様を彷彿《ほうふつ》とさせる。

そう書いてくるといかにも蛇は「悪者」扱いばかりされてきたように思われがちだが、

実はそうではない。蛇はその異様な姿から人々や村を守ってくれる神様として崇《あが》められる信仰の対象でもあった。また金運をもたらすとして、商業高校の校章に使われていることもある。

広島の「蛇落地」は「蛇」の字を嫌って「上楽地」としたわけだが、それとは逆に「蛇」への信仰から「蛇」という文字に変えた地域もある。群馬県富岡《とみおか》市に「南蛇井《なんじゃい》」という変わった地名がある。ここも鏑《かぶら》川沿いの崩壊地として知られるが、この地は「南才《なんさい》」と呼ばれていたが、後に「南蛇井」に変えたという。近くには「蛇宮《じゃぐう》神社」もある。蛇とのつきあいも様々だ。

二　真備町「川辺」地区を襲った西日本豪雨

平成最悪の水害

二〇一八（平成三〇）年七月、西日本一帯を記録的な豪雨が襲った。梅雨前線が停滞した上に台風七号と八号の影響もあって、西日本から東日本にかけて大雨になった。その被害の大きさから「平成最悪の水害」とも言われ、「西日本豪雨」と名付けられた。

この豪雨によって、西日本を中心に河川の氾濫による浸水、土石流などが発生して死者二〇〇名を超える大水害になった。昭和にさかのぼっても一九八二（昭和五七）年七月に死者・行方不明者が約三〇〇名という被害をもたらした長崎大水害に次ぐ大災害だった。

被害はデータを取る時期等によっても異なってくるが、令和元年版「防災白書」によれば死者二三七名、行方不明者八名、住宅の全壊六七六七戸、半壊一万五二三四戸、浸水二万八四六九戸に及んだ。

死者・行方不明者の最も多かったのは広島県の一一五名、次いで岡山県の六六名、そして愛媛県の三一名が続いている。中でも岡山県倉敷市真備町川辺《まびちょうかわべ》地区は、高梁川《たかはし》に合流

小田川が決壊し、濁水に覆われた真備町地区(下、2018年7月7日)と2021年6月の様子(上)。中央は井原鉄道川辺宿駅。毎日新聞社提供

する小田川《おだ》の堤防が決壊し、壊滅的な被害を受けた。

真備町の由来

平成の大合併によって二〇〇五（平成一七）年に「真備町」は倉敷市に編入されてしまったが、元は岡山県吉備《きび》郡真備町であった。町制が敷かれたのは一九五二（昭和二七）年のことだが、町名の由来は何と奈良時代に活躍した吉備真備《きびのまきび》だというのだから恐れ入る。

真備は六九五（持統天皇九）年、備中国下道郡也多郷《びっちゅうのくにしもつみちのこおりやた》（八田村）土師谷《ひじや》に生まれた。現在の岡山県倉敷市真備町箭田《やた》である。真備は七一六（霊亀二）年、第九次遣唐使の留学生に選ばれ、翌年阿倍仲麻呂《あべのなかまろ》、玄昉《げんぼう》らとともに入唐し、実に一八年間にわたって経書や史書を始め天文学・音楽・兵学など幅広く学んだ。真備は当代一流の学者であり知識人であった。

その吉備真備の「真備」を取って「真備町」としたことは画期的な施策であった。ご当地出身の人物名から自治体名を命名した例は極めて稀《まれ》で貴重な存在であっただけに、倉敷市に編入されて町名から字名《あざめい》になってしまったのは残念と言うしかない。

真備町の被害

倉敷市に編入された結果、真備町地区は市の最北西部に位置することになった。この地区には北から高梁川が流れ、その高梁川に西から小田川が合流する地点に当たっている。川が合流する地点が危険であることは当然のことだが、西日本豪雨ではバックウォーター現象の恐ろしさをまざまざと見せつけられた。

真備町では七月七日朝までに小田川とその支流の高馬《たかま》川の堤防が決壊して、町の四分の一に当たる一二〇〇ヘクタールが浸水した。浸水の深さは最大で約五メートルにも達したという。死者は五一名で、県下の犠牲者六六名の大部分を真備町が占めたことになる。中でも小田川沿いに広がる川辺地区の被害は甚大で、地区全体が浸水。約一七〇〇戸の九九パーセント以上が全壊だったというから、そのすさまじさに驚く。最大水深は四・三メートルにも達したという。

確かにこの「川辺」という地名は水害の危険性を示唆していたと言えるだろう。日本語で「辺」がつく言葉は多い。「山辺」「海辺」「沼辺」「田辺」「岡辺」「岸辺」などである。いずれも「〇のあたり、付近」を意味している。そう考えると「川辺」という地名が水害の危険性を示唆していることは否定できない。

だが川辺地区の人々は負けてはいない。二〇二一（令和三）年一一月、災害の風化を防ぎ後世に伝えるために災害の記録を記す碑を建てた。真備公民館川辺分館に建てられた石碑には被害の実態が刻まれている。頑張れ、川辺！

秀吉の「水攻め」

本書の基本的コンセプトは、水害からいかに人の命を守るかにあるが、長い歴史を振り返ってみると、逆に人工的に水害を起こして相手を追い詰める戦術が取られたことがある。

天下統一を目指す織田信長《おだのぶなが》の命を受け羽柴秀吉《はしばひでよし》（当時）が中国地方を支配していた毛利氏をけん制するために、備中高松城（岡山市北区高松）を水攻めにしたのは一五八二（天正一〇）年のことである。秀吉は高さ八メートルの堤防を約三キロにわたって築き、近くを流れる足守《あしもり》川の水を流し込んで城を孤立させた。堤防はわずか一二日間で築いたとされ、この戦術に毛利方はなす術もなく、城主の清水宗治《しみずむねはる》は浮かべた舟の上で自刃《じじん》したと伝わる。

この戦術は現代の水害防止の方略を逆手に取ったものだが、天下人秀吉の知恵を讃《たた》えるべきなのだろうか。この戦術で戦っている最中に本能寺の変が起こり、秀吉は急きょ、京に戻って明智光秀《あけちみつひで》を討ったというのはよく知られた話である。

三　「高知」の名に込められた水防への思い

「高知」の意味

「高知」と言えば「高い知」をイメージする地名だが、実はその裏には水害の歴史が隠されている。

土佐国《とさのくに》を治めていた戦国大名、長曾我部元親《ちょうそかべもとちか》は、現在高知城がある山上に築城しようとしたが、重なる洪水でわずか三年足らずでこの地への築城を諦めた。その後、関ケ原の戦いで戦功を挙げた山内一豊《やまうちかずとよ》が初代土佐藩主として入国することになるが、一豊は当初、土佐湾に面した浦戸《うらど》城に居城した。しかし、土地が狭く城下町をつくるのが難しいと考え、高知平野の中央に位置する大高坂山《おおたかさかやま》に築城することを決めた。

「高知」を解明するのに必須な文献『南路志《なんろし》』巻十六に、「高知」の地名の成立過程が記されている。「高知」は『和名抄《わみょうしょう》』では「土左郡土左高坂」と記されていることを紹介した後、次のように書いている。原文は漢文で長いので簡略化して現代語に訳しておく。

一豊公は慶長六年（一六〇一）六月、「大高坂山」に城地をお定めになり、同八年（一六〇三）御本丸が完成したことによって、御城名を真如寺《しんによ》の在川《ざいせん》和尚に相談したところ、南北の川の中にあることから「河中山《こうちやま》」でいかがかという上申があった。慶長一五年（一六一〇）まで度々《たびたび》南北の川に洪水が起こったため、二代藩主忠義《ただよし》公が改めて五台山《ごだいさん》の空鏡《くうきょう》上人に申し付けたところ、城地を「高知山《こうちやま》」とすると申し上げた。

二本の川に挟まれた「大高坂山」に築かれた高知城。著者撮影

高知市の中心街は低湿地で、昔から洪水の被害が絶えなかった所であった。岡豊《おこう》城（現南国市《なんごく》）にいた長宗我部元親もこの地に城を築こうとしたが、低湿地のため断念して浦戸（現高知市浦戸）に移ったという経緯もあった。

南北の川

この資料で「南北の川」というのは、現

1976年9月の台風17号では、高知市内各地で浸水被害が起きた（同市河ノ瀬町で）。毎日新聞社提供

在の「鏡川《かがみ》」（南側）、「江《え》ノ口《くち》川」（北側）のことで、いずれも市街地を横断するように西から東へ流れ、海に注いでいる。両河川ともコンクリートの堤まで水が満ちていて、それだけで怖さを感じさせる。播磨屋《はりまや》橋あたりで食事をして高知駅近くのホテルに戻る時には江ノ口川を渡るのだが、その橋の高さと街の高さの落差がいつも気になっていた。

江戸時代から現代に至るまで「高知」の地は洪水に悩まされ続けてきたが、戦後の一九七六（昭和五一）年九月の台風一七号の豪雨では、鏡川の氾濫により市内の浸水家屋は約四万六四〇〇戸に及んだという。また一九九八（平成一〇）年九月の秋雨前線による豪雨での氾濫では約一万九八〇〇戸の家屋が浸水の被害を受けている。

文殊の知恵

五台山の空鏡上人が「河中」を「高知」に変えたと述べたが、この五台山とは「五台山竹林寺《ちくりんじ》」のことである。五台山は高知市街から浦戸湾を挟んだ向こうに聳《そび》える山で景勝の地である。竹林寺は真言宗智山派《しんごんしゅうちさんは》の寺院で、四国八十八カ所霊場第三十一番札所として知られる。本尊は文殊菩薩《もんじゅぼさつ》で、日本三大文殊の一つに数えられている。

文殊菩薩は仏の智恵（般若）を象徴する菩薩で、そこから「高い知（智）恵」すなわち「高知」になったのだという。「三人寄れば文殊の知恵」――水害対策にも知恵を絞りたい。

四　「ヒジ」に注意！　暴れ川

肱川

二〇一八（平成三〇）年七月に西日本を襲った豪雨は「西日本豪雨」と呼ばれる。台風七号が西日本から中部地方を経て北海道に抜けたことにより、広島県・岡山県などの中国地方、そして愛媛県など四国地方も多大な被害に遭った。全国で死者二三七名、行方不明者八名、住宅の全壊六七六七戸、半壊一万五二三四戸に及んだ。

愛媛県ではとりわけ南予《なんよ》地方の大洲《おおず》市一帯が激しい洪水に見舞われた。西予《せいよ》市野村町《のむらちょう》にある野村ダムが満水に近づき、緊急放流したことも被害の拡大に拍車をかけた。大洲は盆地の地形であり、江戸時代から肱川《ひじかわ》の氾濫で苦しめられてきた城下町だった。

実はこの氾濫の原因は「肱川」という川の名に隠されている。肱川は西予市宇和町《うわちょう》の鳥坂《とさか》峠付近に源を発し四七四本という支流を集めて大洲市を経由して瀬戸内海に注ぐ全長一〇三キロの一級河川である。流域の大半は山間部であり、中流域に位置する大洲盆地は昔から洪水に悩まされてきた。「肱川」というと、肘のように曲がった危険な川と考えがち

大洲のシンボル、肱川と大洲城(左中央)。毎日新聞社提供

だが、実はそうではない。

「ヒジ・ヒヂ」とは古語で「土・泥」を意味していた。従って「肱川」とは「洪水のたびに土や泥をもたらす川」という意味になる。

「ヒジ」とは「土・泥」のこと

JR名古屋駅から左手に大きく延びる道路が桜通《さくらどおり》だが、それを五〇〇メートルも行くと名古屋国際センターの高いビルが聳《そび》えている。その手前の交差点が「泥江」の交差点である。そのまま読めば「どろえ」だが、実は「ひじえ」と読む。名古屋の地名に関する本を書いている時何度も、「泥江」と書いてなぜ「ひじえ」と読むのかという質問を受けた。答えはすこぶる明快。「泥」のことを「ひじ・ひぢ」と呼んでいたからである。

もともとこの地は愛知郡広井《ひろい》村の一部で田んぼのぬかるみのような所であった。一八九八（明治三一）年名古屋市に編入されて「泥江町《ひじえちょう》」となったが、現在は「名駅」という何の変哲もない町名に変えられてしまっている。

人柱伝説

以上のように肱川の由来は「泥」にちなむもので、それだけで氾濫時のすさまじさを想起させるに十分だが、このような洪水常襲地には時に人柱伝説が伝えられることがある。

時は一三三一（元弘元）年のこと。伊予の守護職となった宇都宮豊房《うつのみやとよふさ》がこの地に城を築こうとしたが、度重なる肱川の洪水で石垣が崩れて工事が進まず、ついに水難除けの人柱を立てることになった。人柱になったのは「おひじ」という娘で、その後、城の石垣は洪水によって崩れなくなったので、娘の霊を弔うために川の名を「比地川」としたとのことである。

この種の伝説はよくある話なので、そのまま受け取ることはできないが、肱川の洪水との闘いの中から生まれたものと見ることができる。

参考までにエピソードを一つ。新撰組の副長として知られる土方歳三《ひじかたとしぞう》（一八三五〜六九）は武蔵国多摩《むさしのくにたま》郡石田村（現東京都日野市）に生まれたが、「土方」でわかるように「土」は「ひじ」である。

第七章　九州地方を襲った水害と地名

一　「川内」は洪水常襲地の暗号！

もう一つの「せんだい市」

かつて日本には二つの「せんだい市」があった。一つは言うまでもなく宮城県の仙台市で、普通「せんだい」と言えばこの仙台をイメージする。「仙台」は伊達政宗《だてまさむね》の命名によるもので、古代中国の首都・長安の西にある、仙人が住んでいたという山のことを指した。これは政宗の目指した理想郷を示唆している。

もう一つの「せんだい市」は、鹿児島県にあった川内市である。川内市は平成の大合併によって、二〇〇四（平成一六）年に近隣の町村と統合されて「薩摩《さつま》川内市」となったが、それまではこの狭い日本に「せんだい市」が二つあったのだ。

同じ音《おん》なのでニュースを聞いていても混乱することもあったし、そもそも東日本在住の人の多くは仙台市以外に川内市という都市が存在したことさえ記憶にないに違いない。まず「川内」が読めない。普通はどう読んでも「かわうち」か「かわち」、百歩譲って「こうち」だろう。「せんだい」とはとても読めない。

「川内」「河内」の意味

「川内」は文字通り、「川の内」で典型的な水害地名である。同類の地名で代表的なものに大阪の「河内《かわち》」がある。河内国《のくに》は令制国の一つで、現在の枚方《ひらかた》市、寝屋川《ねやがわ》市から東大阪市、藤井寺《ふじいでら》市などにかけての一帯だが、このエリアはその前は、現在の大阪湾に続く深い入り江だった。

この地はその昔、神武《じんむ》天皇東征の際、草香山《くさかやま》に上陸しようとして地元の長髄彦《ながすねひこ》に敗れたことで知られる。私が『大阪「駅名」の謎』（祥伝社黄金文庫、二〇〇九年）を書いた時、草香山の中腹から河内一帯を眺めたのだが、それは見事な一大低地だった。北は淀《よど》川で阻まれ、東から南にかけては入り江に注ぎ込む河川に囲まれた「河の内」、それが「河内」である。

規模は小さいが同類の地名は全国各地にある。第六章第三節で書いたように「高知」は、関ケ原の戦いで戦功を立てた山内一豊《やまうちかずとよ》が、現在の鏡《かがみ》川と江《え》ノ口《くち》川の間に城下を築き「河中《こうち》」と名付けたことに始まるが、洪水が続くため縁起を担いで「高智」に変えた。その後「智」が「知」に変化して今日に至っている。

また、茨城県には利根《とね》川に沿って「河内町《かわちまち》」という町もある。ここは利根川と新利根川に挟まれた低地で、江戸時代以前に干拓されてできた土地である。第五章で取り上げた「川中島」(長野市)も同類の地名で、千曲《ちくま》川と犀《さい》川の合流地点に位置し、低地が広がっている。

「川内」の成り立ち

川内市の前身である薩摩郡川内町《せんだいちょう》は一九二九(昭和四)年に、隈之城《くまのじょう》村、平佐《ひらさ》村、東水《ひがしみず》引《ひき》村が合併して誕生した。市制が施行されたのは一九四〇(昭和一五)年で、県下では鹿児島市に次ぐ市としてスタートした。二〇〇四(平成一六)年には近隣の東郷町《とうごうちょう》、樋脇町《ひわきちょう》、入来町《いりきちょう》、祁答院町《けどういんちょう》の他、四村が統合されて薩摩川内市となった。

「川内」地名の由来に関しては諸説あるものの、川内川および、それによって形成された沖積《ちゅうせき》平野の川内平野にあることは間違いない。川内川は熊本県南部から宮崎県を経由して鹿児島県北西部を流れ、東シナ海に注ぐ一級河川で、九州では筑後《ちくご》川に次ぐ第二の規模を誇っている。河川名の由来は、下流部の「川内」という地名によっている。

もともとこの地は薩摩国《さつまのくに》の国府と国分寺が置かれた地であった。「川内」は古くは「千臺」「千台」とも書かれていたが、正式に川内《せんだい》という名称を定着させたのは一七二〇(享保五）年のこと。薩摩藩主・島津吉貴《しまづよしたか》の命名によるものだった。この時の「川内」の意味は川内川と高城《たき》川の内側ということだった。

二〇〇回を超える洪水

川内川の洪水についての最も古い記録は、何と奈良時代の七四六（天平一八）年一〇月の洪水で、洪水記録が整理され始めた一五〇〇年代から現在に至るまで二〇〇回を超える記録があり、平均二年に一回程度で洪水が発生してきたとされる。

近年では一九七二（昭和四七）年七月に中流の宮之城町《みやのじょうちょう》（現さつま町《ちょう》）で一一四戸の流失被害を受け、さらに一九八九（平成元）年七月の洪水では、全流域で全半壊・流失四五戸、床上浸水一七一戸、床下浸水七〇二戸の被害を及ぼしている。

二〇〇六（平成一八）年七月の洪水においては全水位観測所一五カ所中一一カ所で観測史上最高水位を記録し、流域の薩摩川内市、さつま町、伊佐《いさ》市、湧水町《ゆうすいちょう》、えびの市の三市二町の約五万人に避難勧告が出され、浸水面積二七七七ヘクタール、浸水家屋二三一五戸に及ぶ被害に至った。

2006年7月の川内川の洪水で浸水したさつま町宮之城地区。国土交通省
九州地方整備局川内川河川事務所提供

「湧水」と「出水」

川内川流域に湧水町という町がある。川内川の洪水の被害を受けてきた町だが、「湧水」という町名の由来は川内川とは直接的な関係はなく、地域にある竹中池や丸池から湧き出る水に由来するという。

また、薩摩川内市の北隣には出水《いずみ》市という、これまた水にちなんだ地名がある。もともとの郡名が出水郡で、一八八九（明治二二）年の市制・町村制の施行によって上出水村、中出水村、野田《のだ》村、高尾《たかお》野《の》村、下出水村が成立したところから始まっている。

「川内」を囲うように「湧水」や「出水」が配置されているなど、ちょっと考えられない話で、これは地名の戯れと言うしかない。

水にちなんだ地名が多いということは、今日の防水の観点からすれば危険ということになるが、歴史は複合的にとらえる必要がある。多少暴れ川であっても、それ以上に川は稲作や日常的な生活用水の供給源として人々の生活を支えてきたのである。そのことを忘れてはならない。

二　牟田地名の危うさと奇跡の脱出

九州に多い牟田地名

昔人気を博した俳優に牟田悌三《むたていぞう》（一九二八〜二〇〇九）がいた。ご本人は東京都出身とのことだが、そのルーツは九州ではないかと勝手に推測している。それほど「牟田」という地名は九州に深い関わりを持っている。いや牟田という地名は九州独特であり、かつ九州を代表する地名であると言ってよい。

ある調査では、九州全土の五万分の一の地形図上では、ムタ地名は一二六個あり、内訳は牟田が九二、無田が三三、牟多が一であったという。ムタはヌタと同じ「ぬかるみの田」を意味する地名で、東日本では「沼田」などと書かれたりする。ノダ（野田）なども同類の地名である。

大牟田市の浸水

牟田地名は九州全土に分布しているが、とりわけ有明《ありあけ》海沿岸に集中している。一番知られているのは福岡県南部に位置する大牟田市《おおむた》だ。かつては三井三池《みついみいけ》炭鉱で栄えた町だが、この地が炭鉱の町として栄えたことと牟田地名は大いに関係している。この炭鉱はムタと呼ばれる泥炭地に形成されたのである。

大牟田市の前身の大牟田町《まち》は、一八八九（明治二二）年の市制・町村制の施行によって「大牟田」「下里《さがり》」「稲荷《とうか》」「横須《よこす》」の四村が合併して成立している。やはり「大きなムタ」だったのである。

大牟田市内には一級河川は流れていないので、河川の直接的な氾濫というよりも、いわゆる「内水氾濫《ないすいはんらん》」が目立っている。排水路や支流の水がはけずに溢《あふ》れる現象である。

二〇二〇（令和二）年七月、九州地方を襲った集中豪雨によって大牟田市は甚大な被害を受けた。七月六、七日と続いた豪雨によって「半壊」と認定された家屋は一〇〇〇戸を超えたという。

奇跡の脱出

このように牟田地名のつくエリアは要注意だが、世の中そう暗い話ばかりではない。大牟田市の南に熊本市上天草市《かみあまくさ》（熊本県）がある。上天草市は平成の大合併によって、二〇

2020年7月の集中豪雨で避難所の小学校が孤立し、ボートで救出される児童たち。福岡県大牟田市で。毎日新聞社提供

〇四（平成一六）年にできた市だが、その一角にある旧姫戸町《ひめどまち》にも「牟田」地区がある。この地区にあった姫戸小学校牟田分校で起こった奇跡が今に伝えられている。

牟田地区は旧姫戸町の中でも僻地《へきち》に当たり、分校は児童数六四名、教員六名の構成であった。一九七二（昭和四七）年七月六日、同校を鉄砲水が襲った。

時はちょうど楽しい給食の時間の一二時二〇分頃。裏山から流れ落ちた水は校舎の周りに溢れ、床下からも水が噴出したという。危ないと判断した分校主任は全児童を安全な場所に移し、「勝手な行動を取らないよう」注意した上で避難を始めた。まず教員が濁流に飛び込み、児童がその後に続いた。泳げる子もいれば流されそうになる子もいる。上級生が下級生の手を引きながらやっと避難し終わったその直後、山津波で校舎は押し流されてしまった。

避難のタイミングがあと三〇秒遅れていたら、児童六四名と教諭六名の命は助からなかったと言われている。「間一髪」という言葉があるが、まさに一教師の「間一髪」の判断で多くの若い命が救われたことになる。

注目すべきは一教師の適切な素早い決断である。多くの若い命が救われたことは、後世まで語り伝えてほしい話である。

それにしても、牟田分校は牟田地区でも一番の高台に位置していたらしい。それでもこの山津波の被害を受けたということは、「牟田」地名、恐るべしと言うべきか。

第八章　こんな地名に要注意！

一　「鶴」地名に隠された水の危険性

「鶴」にちなんだ地名の数々

全国に「鶴」のつく地名は数多い。市・区レベルで言えば、山形県鶴岡《つるおか》市、埼玉県鶴《つる》ケ島《しま》市、神奈川県横浜市鶴見《つるみ》区、京都府舞鶴《まいづる》市などである。その他小字《こあざ》などを含めると数え切れないほどの数になる。

そして、その多くが日本を代表する鳥「鶴」にちなんだ伝承に彩られている。例えば埼玉県の鶴ケ島には、その昔ここの広い沼地に小高い島があり、そこに男松と女松が生えており、鶴が巣篭《すご》ったことからこの名がついたという伝承がある。だが、これはあくまで伝承であって、真偽のほどはわからない。

はっきりと鶴にちなんで命名されたという地名も存在する。北海道の「鶴居《つるい》村」は、釧路《くしろ》総合振興局管内の阿寒《あかん》郡にある村だが、これは一九三七（昭和一二）年、天然記念物タンチョウの生息・繁殖地であることから命名されたものである。村の南部は釧路湿原を中心とする湿原・湿地帯で、まさに「鶴居村」がぴったりの村である。

一方、お城の形が鶴のように優雅であったことからついた地名もある。会津若松城《あいづわかまつ》が「鶴ヶ城」と呼ばれたことは有名だが、地名としては「鶴」は残らなかった。京都府の舞鶴市の場合は、この地に築城された「田辺城《たなべ》」が「舞鶴城《ぶがく》」と呼ばれたことにより命名されたと言われている。

名古屋の「鶴舞」も湿地帯

「鶴」は縁起の良い美しい鳥なので、このように多彩なバリエーションで活用されてきたのだが、その裏には洪水に見舞われる影の歴史が秘められている。

皆さんの知り合いに「水流《つる》さん」もしくは「都留《つる》さん」という人がいないだろうか。「都留」は当て字なので、もともとは「水流」と考えればいい。「水流さん」「都留さん」はその多くが九州出身のはずだ。

「鶴」という美しい地名の多くが実は「水流」に由来している。「ツル」という所は、川が鶴の首のように細長く流れている場所を指している。言い換えれば川が増水すればすぐ洪水に見舞われる湿地帯を意味しているということである。

例えば東京都新宿区の早稲田鶴巻町《わせだつるまきちょう》は、元禄年間に小石川《こいしかわ》村の田で鶴の放し飼いをしていて、それが早稲田村にも飛来したことで鶴番人を置いたことによるとも言われるが、ここを流れていた蟹《かに》川が「ツル」のようであったことに由来するとも言われる。

名古屋市の昭和区に「鶴舞《つるまい》」という町名がある。そこにあるJRと市営地下鉄鶴舞線の「鶴舞駅」は「つるまい」と読んでいる。ところが鶴舞駅を降りた目の前の公園は「鶴舞《つるま》公園」である。近くの「鶴舞小学校」も「鶴舞中央図書館」も「つるま」である。

この混乱は、もともとこの地にあった「ツルマ」という字名《あざめい》に「鶴舞」という漢字を当てたことによるものだ。低湿地帯だった当地には精進《しょうじん》川という川が流れていた。「ツルマ」は「水流間」であったのである。一九〇五（明治三八）年に始まった公園造成の工事は〇九（明治三二）年に完成し、町名は「鶴舞《つるまい》」としたが、公園名は「ツルマ」という字名《あざめい》を尊重して「鶴舞《つるま》公園」としたのであった。

「鶴の湯」も「水流の湯」だった？

秋田県仙北市の乳頭《にゅうとう》温泉郷は個人的に全国でもトップに推奨したい温泉である。乳頭温泉とは乳頭山（一四七八メートル）の麓にあることからつけられた名前だが、その「乳頭山」とは秋田県側から見た山容が少女の乳首（乳頭）に似ているところに由来する。乳頭

まるで江戸時代にタイムスリップしたかのような趣で、秘湯として人気が高い鶴の湯温泉　©中根正義

温泉には黒湯《くろゆ》、孫六《まごろく》、蟹場《がにば》など七つの個性的な温泉が点在しているが、その代表格と言えば、やはり「鶴の湯」である。

　鶴の湯の入り口に立ってみると、左手に陣屋と呼ばれる建物が続いている。まるで江戸時代にタイムスリップしたかのような感覚に陥る。幅二メートルほどの川を越えると秘湯の魅力満点の混浴の露天風呂がある。この露天風呂は湯守の佐藤和志さんが湯小屋を修理していた時、偶然六〇度の源泉を発見してそのまま露天風呂にしたのだそうだ。

　乳白色の露天風呂に身を沈めると、玉砂利の下からやや熱めの湯が直に湧いてくる。全国の温泉地を歩いているが、このような露天風呂は極めて稀《まれ》である。

「鶴の湯」の由来として、その昔マタギの勘助なる人物が、鶴が温泉で傷を癒やしているのを見つけたからという伝承があるが、それは後世に作り上げた話と見ていいだろう。私が鶴の湯を知ってからすでに三〇年が経《た》つが、この「鶴」は「水流」だと考えている。

鶴の湯温泉の真ん中を流れる「湯の沢」は急流で水量も豊富、いつ洪水が起こっても不思議ではない。二〇〇六（平成一八）年二月一〇日午前一一時過ぎ、鶴の湯の裏山で雪崩が発生し、一名が死亡、一六名が負傷するという惨事が起こった。これは洪水ではないが、湯の沢を目指して雪崩が集中した点では洪水に準ずる災害だということができる。

「水流」「鶴」「都留」は災害地名！

「水流」という地名は九州でも宮崎県に集中している。宮崎市大塚町《おおつかちょう》水流《つる》、えびの市水流《つる》、都城《みやこのじょう》市上水流町《かみずるちょう》などだが、いずれも河川の中流域に位置し、まさに「水が流れる」場所である。

山梨県の「都留《つる》市」も同様な背景を持っている。都留市は一九五四（昭和二九）年、町村合併によって成立したが、「都留」という市名は古来あった「都留郡」に由来する。この「都留」という地名は桂《かつら》川流域が富士山の裾野を「蔓《つる》」のように流れていることに由来するとされる。

このように考えてくると、全国に散らばっている「鶴」地名の多くは「鶴」には関係なく、「水流」つまり「河川の流れ」に関係しており、水害に関係した災害地名であることがわかる。

さらに「鶴」に関連した地名として「鶴田」にも注目してみたい。秋田県横手《よこて》市に「鶴田」、青森県北津軽《きたつがる》郡に「鶴田町《つるたまち》」、宮城県大崎《おおさき》市に「鶴田」、福島県伊達《だて》市に「鶴田」、熊本県人吉《ひとよし》市に「鶴田町《つるだまち》」、鹿児島県さつま町《ちょう》に「鶴田《つるだ》」などがある。これらの地域は小さな河川が「水流」のように流れ込んでいる低湿地帯であると推測される。

鶴はこのような低湿地帯を好んで移住し棲息するが故に、「鶴」と「田」が結びついたのであろう。

二　暴れ川の〝クマ〟に注目

三本の暴れ川

　ここ数年の河川の氾濫・洪水はすさまじいものがある。二〇一九（令和元）年秋の台風一九号から翌年七月に九州を襲った集中豪雨を見ると、次の三つの河川による被害が際立っている。

　長野県を流れる千曲《ちくま》川は日本一の長さを誇る信濃《しなの》川の上流の長野県内を流れる部分の名称である。全長三六七キロのうち、千曲川の長さは二一四キロ、新潟県に入って新潟市で海に注ぐまでの信濃川と呼ばれる部分の長さは一五三キロとなっている。二一四キロという長さは天竜《てんりゅう》川を超える全国九位の河川となるわけで、それだけでも千曲川が大河であることがイメージされよう。

　その千曲川を二〇一九（令和元）年一〇月、台風一九号が襲った。長野市穂保《ほやす》で千曲川左岸が約七〇メートルにわたって決壊し、長野新幹線車両センターなど広範囲に被害が及んだことはまだ記憶に新しい。

千曲川が決壊し(左)、浸水した長野市穂保の住宅街。2019年10月13日。毎日新聞社提供

福島、宮城両県を流れる阿武隈川《あぶくま》は阿武隈山系を水源とし仙台平野に至る二三九キロの長さを誇る、東北地方では北上川《きたかみ》に次ぐ大河である。二〇一九（令和元）年一〇月の台風一九号で、この阿武隈川も各地で堤防が決壊して大きな被害をもたらした。とりわけ宮城県丸森町《まるもりまち》では町の中心部がほぼ全域にわたって浸水した。

そして三つ目は熊本県の球磨川《くま》である。球磨川は県南部を流れる同県最大の河川であり、最上川《もがみ》・富士川《ふじかわ》と並んで日本三大急流の一つとして知られる。上流の球磨郡から流れてくることからこの名があり、人吉《ひとよし》盆地から球磨村にかけての急流は川下り（ラフティング）の名所として知られる。

二〇二〇年七月の豪雨で球磨村の特別養護老人ホーム「千寿園」が浸水し、一四名の犠牲者を出したことは痛ましい被害として記憶に残る。

〝クマ〟が共通

この三つの河川が氾濫し、多くの被害をもたらしたのは単なる偶然と言えるのか。そうではなく、地名学的な視点で見ていくと、思わぬ共通点が浮き彫りになる。それは三川ともその名に〝クマ〟という字を使っていることである。

そもそも地名の由来を探る際に注意すべきなのは漢字に惑わされないことである。中国から漢字がもたらされるまで、地名は音《おん》で伝えられてきた。漢字は当て字としてあてがわれてきたのである。

千曲川、阿武隈川、球磨川に共通するのは〝クマ〟という音である。漢字は「曲」「隈」「球磨」と異なっているが、大きくとらえれば二つの意味がある。

一つは「曲」に象徴されるように「川が曲がっている」状態を指している。千曲川の由来については、伝承に基づく「血隈川」説、信濃国《のくに》の郡名からとったという「筑摩川」という説もあるが、いずれも根拠に乏しい。やはり、千曲川の由来は多くの曲流に由来すると考えてよい。

　もう一つの説は「隈」に代表される「入り込んだ奥まった所」という意味である。実は「隈」という地名は圧倒的に九州に多い。特に福岡、佐賀、熊本の三県に集中している。人名でも佐賀県出身の大隈重信《おおくましげのぶ》など著名人も多い。熊本も元は「隈本」だったのだが、戦国武将の加藤《かとう》清正《きよまさ》が「隈本」はマイナスのイメージがあるので勇ましい「熊本」に改称したという経緯もある。

　阿武隈川の「隈」も同様な意味である。阿武隈の由来として「あふ熊」で「熊に出会った」ことによるとする説もあるが、いかにも素人の考えそうな話である。古代には「安福麻」、中世以降は「逢隈川」「青熊川」などと表記されたとのことだが、その中に「合曲川」という表記があったという。これこそ「隈」の本質を解き明かす鍵となる地名である。つまり、「隈」という「入り込んで奥まった」地点は「曲流」しているということになる。

　球磨川の「球磨」は〝クマ〟の単なる当て字と考えてよい。昔、熊本市から人吉市まで車で回ったことがある。どこまでも深い山の中を走るのみで、この先に人家があるのか不安に思うほどの山中だったが、そのうちポッカリと人吉盆地に出た。その時感じたのは、球磨郡の「球磨」は九州山系の「隈」、すなわち「入り込んだ奥まった所」に由来するのではないかということだった。

「熊野川」も同じ

千曲川、阿武隈川、球磨川に共通するのは〝クマ〟すなわち「奥まった山間部をくねくね曲がって流れる」といった地形である。千曲川は佐久平《さくだいら》や善光寺平《ぜんこうじだいら》など平野部を流れる印象があるが、小諸城址《こもろじょうし》から見る千曲川のように随所に〝クマ〟は見受けられる。

〝クマ〟は「曲」「隈」「球磨」以外に容易に「熊」に転訛《てんか》する。奈良県の十津川《とつかわ》村から和歌山県新宮《しんぐう》市に流れる熊野川も同じで、「クマ川」の典型と考えていい。二〇一一（平成二三）年の台風一二号では死者七二名、行方不明一六名、床上浸水二一六二戸、床下浸水一一六〇戸の被害をもたらしている。

三　「阿久津」と「塙」、住むならどっち？

「阿久津」と「塙」

地名研究の世界では「アクツ」と「ハナワ」はセットで論じられることが多い。「アクツ」は「阿久津さん」という人名で知られるように、通常「阿久津」という漢字を当てるが、もちろんこの三文字に意味はない。単に「アクツ」という音《おん》に漢字を当てたに過ぎない。もとは「圷」と書き、「水の浸《つ》かりやすい低湿地」を意味する。「圷」は中国からもたらされた漢字ではなく、日本人が作り上げた和製漢字だ。

一方の「ハナワ」は「塙」という漢字が示すように「高台」を意味している。土偏に片や「下」、片や「高」で好対照をなしているところからよくセットで話題になる。

「阿久津」（圷）と「塙」（花輪）の分布

「阿久津」（圷）の地名はその大部分が茨城県、群馬県、栃木県、福島県一帯に分布している。その主なものには以下のようなものがある。

福島県郡山《こおりやま》市阿久津町《まち》
栃木県さくら市上阿久津
栃木県塩谷《しおや》郡高根沢町《たかねざわまち》中阿久津
群馬県太田市阿久津町《ちょう》
群馬県高崎市阿久津町《まち》
群馬県渋川市阿久津

これらはいずれも旧大字《おおあざ》に相当する地名で、昔から「阿久津村」と呼ばれていたと推定される。また「圷」という和製漢字を用いた地名は茨城県に多く、水戸市圷大野、東茨城郡城里町《しろさとまち》上圷・下圷などがあり、城里町には町立圷小学校まであった。

「塙《はなわ》」については「塙村」としてかつて茨城県鹿島《かしま》郡、千葉県海上《かいじょう》郡、秋田県山本《やまもと》郡に存在した。また「塙町《まち》」は福島県東白川《ひがししらかわ》郡に存在する。「塙」は「花輪」とも書かれ、秋田県鹿角《かづの》市と千葉県富津《ふっつ》市に「花輪」という町名が存在する他、千葉県下には千葉市中央区に「花輪町《ちょう》」、流山《ながれやま》市には「下《しも》花輪」という町名もある。

「阿久津」は洪水常襲地

阿久津と塙の関係は、時代を追って説明した方がわかりやすいかもしれない。関東平野はごくかいつまんで言えば、約二～一万年前までに形成された洪積《こうせき》台地（武蔵野《むさしの》台地、大《おお》宮《みや》台地、下総《しもうさ》台地など）とその後の河川の堆積作用によってつくられた沖積《ちゅうせき》平野とから成っている。洪積台地の一部が低地に向かって舌状に突き出しているのが塙（花輪）である。だから、塙もしくは花輪という地名の所には洪水は起こらない。そう断言していい地名である。ただし、福島県の塙町《はなわまち》のように近隣の自治体を編入して成り立っている場合はその限りではない。

一方の阿久津（圷）は塙（花輪）の先にある低湿地で、近くに川が流れていると洪水常襲地帯となる。

阿久津橋

二〇一九（令和元）年一〇月に東日本を襲った台風一九号は阿武隈川流域にもおびただしい被害を及ぼした。メディアの多くは中下流域の丸森町《まるもりまち》の浸水を報じていたが、私はごく少数のメディアが報じたある事実に注目していた。阿武隈《あぶくま》川は全流域で数え切れないほ

台風19号の影響で浸水した福島県郡山市の住宅街。2019年10月13日。毎日新聞社提供

どの氾濫を引き起こしたのだが、その最も初期に氾濫を起こしたのが郡山市の阿久津橋近く（阿武隈川下流右岸付近）だというニュースだった。台風一九号による被害は郡山市だけで、死者六名、床上浸水六九三一戸、床下浸水九五六戸、全壊八三三戸、大規模半壊一二三七戸、半壊二三五一戸というのだからその被害のすさまじさに驚く。そのきっかけをつくったのが「阿久津橋」だったのである。

「そうか、郡山にも阿久津があったのか！」。調べてみると、この地点は阿武隈川に逢瀬《おうせ》川が合流する最も危険な場所であることがわかった。現在の郡山市阿久津町《あくつまち》には、次のような町名が残されている。「阿久津」であることの証しである。

阿久津町石橋・阿久津町後田《うしろだ》・阿久津町久保・阿久津町下田後《しもたうしろ》・阿久津町八幡下・阿久津町法師沢《ほうしざわ》・阿久津町前田・阿久津町六溜《ろくため》

こちらも洪水に苦しんだ

高崎市の阿久津町《あくつまち》も郡山市の阿久津町に似て、烏川《からす》と鏑川《かぶら》が合流する地点に位置する洪水常襲地帯である。高崎市の洪水と言えば一九一〇（明治四三）年の大洪水が有名だが、阿久津地区はその洪水によって「完全に沈没した」という。

昭和に入っても洪水は続き、とりわけ一九三五（昭和一〇）年九月に起こった洪水は阿久津地区に甚大な被害をもたらしたという。九月二一日に降り始めた雨はやまず、ついに二六日に烏川が決壊。養蚕農家が次々に濁流に呑《の》み込まれていった様が今に伝えられている。

このように書いてくると、いかにも「阿久津」が悪者のように思われてしまいそうだが、実はそうではない。確かに洪水のリスクは高いが、河川がもたらす肥沃な土壌が日本の農業を支えてきたとも言えるからだ。

あとがき

本書を手に取っていただきありがとうございます。本書を書き上げて読者の皆さんにどうしてもお伝えしたい二つの課題（願い）が残りました。

一つは本書の内容に直結する話ですが、水害と地名に関するコンテクストのようなものを博物館にあるようなミニシアター風に書いてみましたので是非お読みください。読んでから本文に目を通していただければ新たな発見があるはずです。

もう一つはこの本をどのような苦境の下で、どのような思いで書き上げたかですが、それは後ほど改めて……。

ミニシアター「水害はなぜ引き起こされるようになったのか」

本書の内容をよりよく理解していただくために、日本列島における水害と地名の歴史についてミニシアター風に解説しておきます。

○昔、人々は高台に住んでいた

昔の人々は山間部か高台に住むことが多かった。河川の洪水が怖かったからである。昔の河川には堤防らしきものはなく、降った雨は低地に流れ込み、そのまま海に注いでいた。

○新田開発で平地に住むようになる

ところが、戦国武将の武田信玄《たけだしんげん》や加藤清正《かとうきよまさ》らによる治水工事に始まり、江戸時代に入ると各地で「新田開発」が行われるようになった。米の生産量が伸びるとさらに人口は増えることになり、それまで住むことのなかった川の近くに人々が住むようになった。

○河川周辺の開発

明治時代になると、外国から河川工事の技術が導入され、治水の目的で川の両側に堤防を造り、集めた水を海へ押し流す方式に変わった。これは「高水《こうすい》工事」と呼ばれるもので、何メートルの高さまで水を流せるかという限度を計算し、その高さに合わせて堤防を造る方式だった。この考えは基本的に現代まで踏襲されている。

この工事の導入によって河川間際まで土地利用が可能になり、工業の発展に伴って工業施設などが建設されるようなった。さらに太平洋戦争後になると都市の規模の拡大によって川の間際まで宅地化されるようになった。

○それまでは舟運に頼っていた

このように河川近くの開発が進められるようになったのだが、その歴史的背景にある、ある事実に注目しなければならない。それは日本列島では昔から物資の輸送はもっぱら「舟運《しゅううん》」に頼っていたことである。舟運に依存する時代は全国に鉄道が敷かれる明治末期まで続いた。その結果、海に注ぐ河口付近に都市が発展し、人口が集中することになった。日本経済を牽引してきた都市は、ほぼ例外なく舟運に支えられてきたのである。

○河川の氾濫による洪水

台風や梅雨時に大雨が降ると、雨は堤防に囲まれた河川に流れ込むことになり、人口密集地域である河口に向かって押し流されることになるが、水は許容量を超えると「氾濫」し洪水となる。堤防の高さは数メートル以上に及び、その堤防の一角が決壊するとその周辺の低地は濁流に呑《の》み込まれることになる。

これは「水は高きから低きに流れる」「水は許容量を超えると溢《あふ》れる」という二つの原理によるものである。

○経済発展と水害

経済的発展を狙う開発によって、河川による洪水が増える結果になったという話だが、これはコロナウイルス感染のリスクを抑えながら、一方では市民の経済活動を回さざるを得なかったロジックとよく似ている。

以上のコンテキストをお読みの上、本文を再読していただければ、本書の趣旨をより深く理解いただけると思います。

苦境の中で——それでも生きる！

本書は毎日新聞デジタルの「ソーシャルアクションラボ」に「水害と地名の深～い関係」として連載してきたものをまとめたものです。連載を依頼されたのは二〇一九年夏、入院先のベッドの上でした。長年、地名関連でお世話になった毎日新聞の記者が見舞いに来られ、今度毎日新聞デジタルで水害についての連載を始めたいので「水害と地名の深～い関係」というテーマで私にお願いしたいという話でした。

正直この話を聞いた時「冗談だろ!?」と思いました。実は私は五年前の二〇一八年二月に体調を崩し、翌年五月にＡＬＳ（筋萎縮性側索硬化症）と診断されました。難病中の難病で、次第に全身の筋肉が動かなくなるという残酷な病気です。おまけに病院に搬送されてすぐ人工呼吸器を取り付けられていたために発声もできない状況でした。とても連載など引き受けられる状態ではありませんでした。

記者さんの強い説得に負け、せめて半年くらいならば、との思いで始めた連載でしたが、いつしか三年半が経《た》ち、三八回に及ぶ連載になりました。重度障害者で歩くことはおろか紙一枚動かせない上に発声もできない状態で、よくぞこれほどまでの連載ができたな、と素直に思います。常識的には不可能だったという意味では、これは奇跡と言っていいでしょう。この奇跡を生んだのは偏《ひとえ》に毎日新聞社のスタッフの皆さんの全面的なご協力でした。とりわけ毎日新聞社からご提供いただいた数々の写真は私の原稿に魂を吹き込んでくれました。

すべての原稿はベッドの上で書いたのですが、思いの他スムースに書けたのは、取り上げた地名と地域についてその大半は現地取材の上で記事に書いていたからです。私は半世紀近くにわたって全国津々浦々を駆け巡って地名の記事を書いてきました。その数は著書の他、雑誌や新聞の連載を入れると優に一〇〇〇を超えると思います。そのような蓄積がなかったらとてもこのような連載を続けることはできませんでした。

私はALS宣告後、次の四冊を上梓しました。

『ALSを生きる いつでも夢を追いかけていた』（東京書籍、二〇二〇年三月）
『日本列島 地名の謎を解く――地名が語る日本のすがた』（東京書籍、二〇二一年一〇月）
『夢はつながる できることは必ずある！――ALSに勝つ！』（東京書籍、二〇二二年七月）
『重ね地図でたどる京都1000年の歴史散歩』（監修、宝島社、二〇二三年四月）

この四冊を世に出すことによって全国から多くの支援のメッセージが届けられるようになりました。とりわけ二〇二二年六月一日付の朝日新聞「天声人語」で紹介されたことは大きな契機となりました。難病と闘う一著者が苦境にもめげず本を書き上げるということで、様々な人生苦と闘っている皆さんに連帯のエールを送るという私の思いが広く知られるようになりました。やや大仰に言えば私の命と全魂をかけた闘いです。

ALS宣告以降の私の生き方について述べた二つのメッセージを紹介させていただきます。一つ目は立教大学総長の西原廉太《れんた》先生によって書かれた『夢はつながる できることは必ずある！――ALSに勝つ！』についての「書評」です。二〇二二年九月三〇日付で「モルゲンWEB」に掲載されたものです。

谷川彰英さんは四年前に突然ALSと診断された。手足が十分に動かず、発声も難しくなった。そのような状況の中、『ALSを生きる いつでも夢を追いかけていた』と『日本列島 地名の謎を解く』の二冊の書物を相次いで著された。寺﨑昌男先生（立教大学名誉教授）は「驚異の出版」、小暮修也先生（明治学院前院長）は「奇跡の一冊」と評された。

「生きる」か「絶望する」かの二者択一において、谷川さんは「生きること」を選択された。そして「生きる」というのは「何かをし続けること」だと言われる。命のある限り執筆活動を続ける。「それが私の生き方」。しかしながら、これは極限の苦しみと悔しさの奥底で呻《うめ》きと共に絞り出された「生への宣言」であることを、谷川さんは隠そうとはしない。

「ある日、痛みの余り車椅子にも乗れずベッドにも座れず仕事ができなかった時、初めて涙が流れ落ちた。涙を抑え切れずに妻に文字盤で伝えたのは『悔しい』の一言だった」。その痛みを背負いながら、自分の使命とは「本を書くことによって、様々な悩み・苦しみと闘っている人たちに生きる勇気と元気を届ける」ことだと語る。

谷川さんから、あらためて私たちが深く教えられることとは、「教育とは子どもを通じての未来への語りかけである」ということである。

〈辛い時には泣いてください。涙を流せば少しは楽になります。でも忘れないでください。流した一粒一粒の涙は小さいけれど、その中に「希望」の道筋が見えてくる、きっと〉

本書に散りばめられた珠玉の言葉の数々は、まさしく未来を生きる者たちへのエールに他ならない。この生きることが苦しい時代に、谷川彰英という本物の「教育者」が与えられたことを、心から喜びたい。

もう一つは二〇二三（令和五）年三月一五日、清泉女子大学で挙行された学位授与式での佐伯《さえき》孝弘《たかひろ》学長による「式辞」です。私のことに触れたという衝撃的なニュースが飛び込んできました。同大のホームページで式辞の全文が公表されましたので関連部分を紹介します。

教育学者・地名研究者で筑波大学の元副学長・名誉教授でいらっしゃる谷川彰英先

生は、ALS（筋萎縮性側索硬化症）という全身の筋肉が動かなくなる、現代医学では治療できない難病に罹られ、寝たきりで手足がほとんど動かず人工呼吸器のため声を発することすらできないという、悲劇的な状況に陥られました。谷川先生は過酷な運命と戦いながら、驚くことに障碍者向けの特殊なパソコンを使い、地名研究や自伝の御著書を刊行し続けていらっしゃいます。『夢はつながる できることは必ずある！』という御著書の中で、「絶望の中で『生きよう』と決意した途端、自分の『できること』『やるべきこと』が見えてきた。それはこれまでと同じように、社会に向けて『発信』すること、具体的には本を書き、出版すること――これならできる！」、「ALS患者としてはおそらくこれまでなし得なかった生き方をつらぬいて見せよう。そうしなければ自分の命に申し訳が立たない。その生き方から勇気や元気をもらったという人が出てくるとしたら、私の拙い命も納得してくれるに違いない」とお書きです。私は強い感銘を受けました。健常者の私には谷川先生の御苦労を真に理解し得ず、その精神力の強さに到達することはとうてい不可能ですけれども、先生がその生き方と御著書でお示しの、「どのような状況下でも、希望を持って、日々できる何かを行う。そこにこそ命の意味があるのだ」という御趣旨は、万人を遍《あまね》く励ます金言だと言えます。

以上、本日この学舎を旅立つ皆さんに、「自己と他者に対して誠実であれ」、「清泉女子大学の卒業生として自信と誇りを持て」、「しなやかに、たくましく、常に希望を持って生きよ」という三つのことを、餞《はなむけ》の言葉として申しました。

佐伯先生は「しなやかに、たくましく、常に希望を持って生きよ」という餞の言葉として私のことに触れてくださったとのことです。

両総長・学長先生のメッセージを拝読して幾条もの涙が流れ落ちました。ALSという難病と闘うのは辛い。でもいくら辛いといっても現代医学は助けてくれません。ただ耐えるだけです。一度は死を宣告された身ですが、自分で「生きよう！」と決めた以上「命ある限り生き抜こう」と思います。本書はその一環です。そのような思いでこの本を書き上げたことを読者の皆さんには知ってほしいのです。

連載の機会をいただいた毎日新聞社と連載を支えていただいたスタッフの中根正義氏、斉藤泰生氏、河野健太郎氏の皆さまには心より感謝申し上げます。必ずや防災意識の高揚に貢献できるものと確信しています。
また出版の労を取っていただいた集英社インターナショナルと丁寧な編集をしていただいた薬師寺達郎さまに感謝申し上げます。とりわけ薬師寺さまには校正段階で、重度障害者である私がチェックできない箇所を全面的にフォローしていただきました。まさに著者と編集者との二人三脚でした。ありがとうございました。

著者　記す。

主要参考文献

一　著者による関連著作

・『地名の魅力』（白水Uブックス、二〇〇四年）
・『地名は語る――珍名・奇名から歴史がわかる』（祥伝社黄金文庫、二〇〇八年）
・『47都道府県・地名由来百科』（丸善出版、二〇一五年）
・『日本列島　地名の謎を解く――地名が語る日本のすがた』（東京書籍、二〇二一年）
・『京都　地名の由来を歩く』（ベスト新書、二〇〇二年）
・『東京・江戸　地名の由来を歩く』（ベスト新書、二〇〇三年）
・『名古屋　地名の由来を歩く』（ベスト新書、二〇一一年）
・『信州　地名の由来を歩く』（ベスト新書、二〇一三年）
・『千葉　地名の由来を歩く』（ベスト新書、二〇一六年）
・『埼玉　地名の由来を歩く』（ベスト新書、二〇一七年）
・『大阪「駅名」の謎――日本のルーツが見えてくる』（祥伝社黄金文庫、二〇〇九年）
・『京都　奈良「駅名」の謎――古都の駅名にはドラマがあった』（祥伝社黄金文庫、二〇〇九年）

・『東京「駅名」の謎――江戸の歴史が見えてくる』（祥伝社黄金文庫、二〇一一年）
・『名古屋「駅名」の謎――「中部」から日本史が見えてくる』（祥伝社黄金文庫、二〇一二年）
・『地名に隠された「東京津波」』（講談社＋α新書、二〇一二年）
・『地名に隠された「南海津波」』（講談社＋α新書、二〇一三年）
・津波シミュレーションコミック『もし東京湾に津波がきたら』原作／谷川彰英、作画／佐野隆（講談社、二〇一二年）

二　その他の文献

・谷川健一編『地名は警告する　日本の災害と地名』（冨山房インターナショナル、二〇一三年）
・楠原佑介『地名でわかる水害大国・日本』（祥伝社新書、二〇一六年）
・まんが／藤子・F・不二雄、監修／藤子プロ・静岡大学防災総合センター、協力／谷川彰英『ドラえもん探究ワールド―自然の脅威と防災―』（小学館、二〇二〇年）

本書は、毎日新聞デジタル「ソーシャルアクションラボ」の連載「水害と地名の深～い関係」の第一回から第三八回（二〇一九年一一月～二〇二三年三月）を加筆・修正したものです。

写真提供（五十音順、敬称略）
◆石ノ森萬画館：P.169
◆国土交通省九州地方整備局川内川河川事務所：P.216
◆国立国会図書館：P.28
◆斉藤泰生：P.32, 36
◆写真AC：P.80
◆中根正義：P.21, 25, 46, 49, 63, 64, 140, 227
◆広川町：P.147, 149
◆毎日新聞社：P.67, 75, 87, 96, 101, 107, 111, 114, 124, 129, 154, 180, 188, 193, 198, 204, 207, 220, 231, 238

谷川彰英《たにかわ　あきひで》

地名作家。筑波大学名誉教授（元副学長）。一九四五年、長野県松本市生まれ。千葉大学助教授を経て筑波大学教授。柳田国男研究で博士（教育学）の学位を取得。筑波大学退職後は地名作家として全国各地を歩き、多数の地名本を出版。二〇一九年、難病のALS（筋萎縮性側索硬化症）と診断されるも執筆を継続。主な著書に『京都 地名の由来を歩く』（ベスト新書、二〇〇二年）に始まる「地名の由来を歩く」シリーズ（全七冊）などがある。

インターナショナル新書一一八

全《ぜん》国《こく》水《すい》害《がい》地《ち》名《めい》をゆく

二〇二三年八月一二日　第一刷発行

著者　谷川彰英《たにかわあきひで》
発行者　岩瀬 朗
発行所　株式会社 集英社インターナショナル
〒一〇一-〇〇六四 東京都千代田区神田猿楽町一-五-一八
電話 〇三-五二一一-二六三〇
発売所　株式会社 集英社
〒一〇一-八〇五〇 東京都千代田区一ツ橋二-五-一〇
電話 〇三-三二三〇-六〇八〇（読者係）
〇三-三二三〇-六三九三（販売部）書店専用
装幀　アルビレオ
印刷所　大日本印刷株式会社
製本所　加藤製本株式会社

　ISBN978-4-7976-8128-4　C0225

インターナショナル新書

097
失われたTOKIOを求めて
高橋源一郎

渋谷、新宿、御茶ノ水。新トキワ荘にジブリ美術館。そして明治神宮、皇居の森へ……。コロナ禍の二年間、作家は歩きながら記憶をたどり、考え続けた。若き頃のほろ苦い思い出と共に綴る、「極私的」東京探訪記。

102
戦国ラン
手柄は足にあり
黒澤はゆま

戦国時代を生きた人々は、とにかく歩き、そして走った。戦いの道を歴史小説家が実際に走り、武将たちの苦難を追体験。現場を足で辿ることで、文献史料を読むだけでは分からない、武将と合戦の実像が見えてくる⁉

127
未来を語る人
ジャレド・ダイアモンドほか
大野和基・編

地球温暖化、感染爆発、国際紛争、そして格差拡大…。世界を覆う難題を解決するのは、資本主義の大改革か、新たなコミュニズムか。いま世界で最も注目されている8人の学者に、資本主義の行方と日本の進路を訊く。

129
消齢化社会
年齢による違いが消えていく！
生き方、社会、ビジネスの未来予測
博報堂生活総合研究所

注目ワード〝消齢化〟を、博報堂生活総研30年のデータで読み解く！　年齢による価値観や嗜好の違いが小さくなっていく社会＝「消齢化社会」の実像と未来予測。ビジネスはどう変わる？　発想転換のヒントが満載。